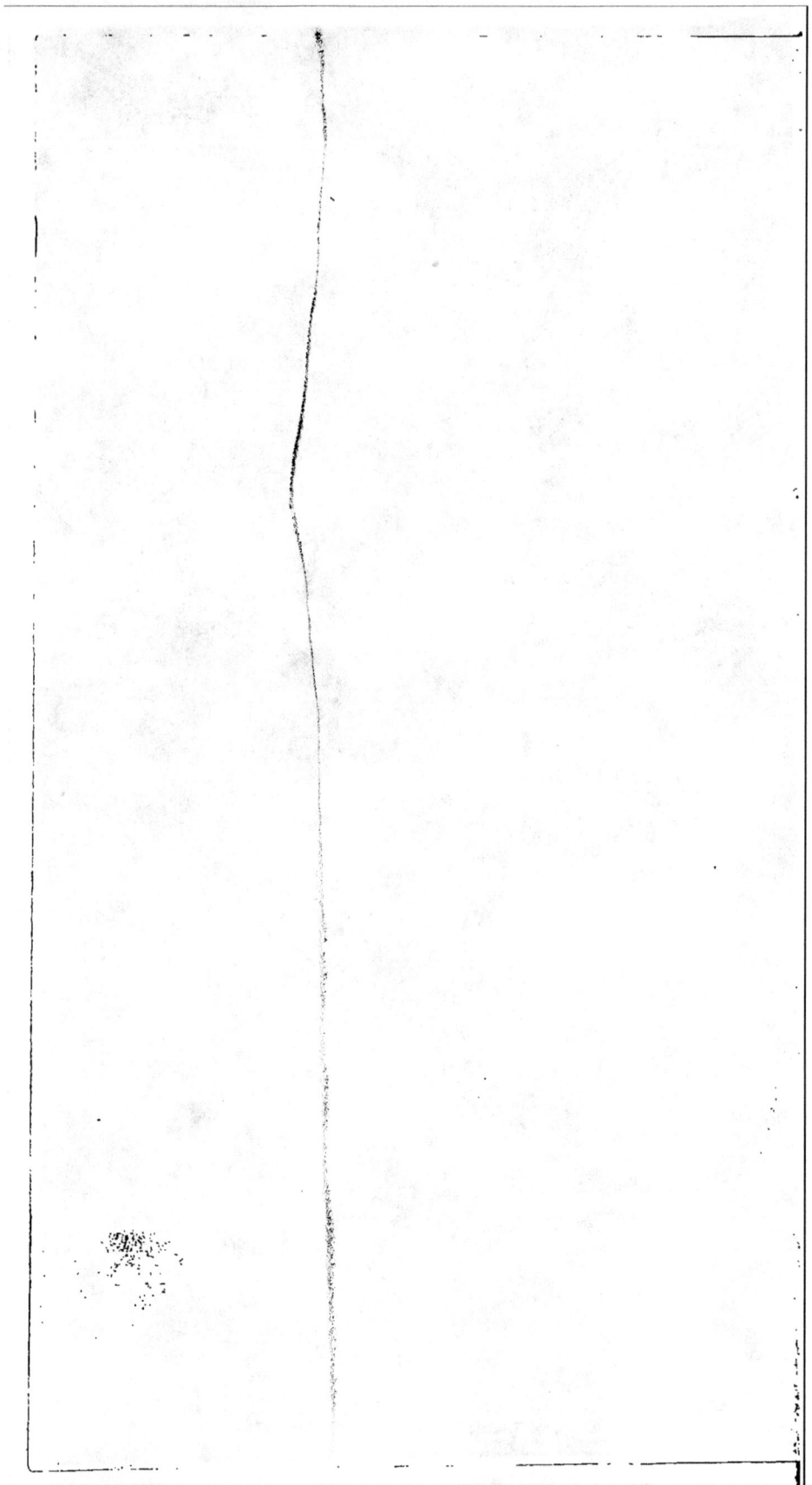

TRAITÉ

DE

LA VOIRIE.

DE L'IMPRIMERIE DE LACHEVARDIERE FILS,

RUE DU COLOMBIER, N. 30, A PARIS.

TRAITÉ

DE

LA VOIRIE,

PAR M. ISAMBERT,

Avocat aux Conseils du Roi et à la Cour de Cassation.

—

DEUXIÈME PARTIE.

PARIS,

CONSTANTIN, ÉDITEUR,

AU DÉPÔT DES CHARTES, RUE DE SEINE-SAINT-GERMAIN, N° 64;

LECOINTE ET DUREY, LIBRAIRE,

QUAI DES AUGUSTINS, N° 47.

Août 1825.

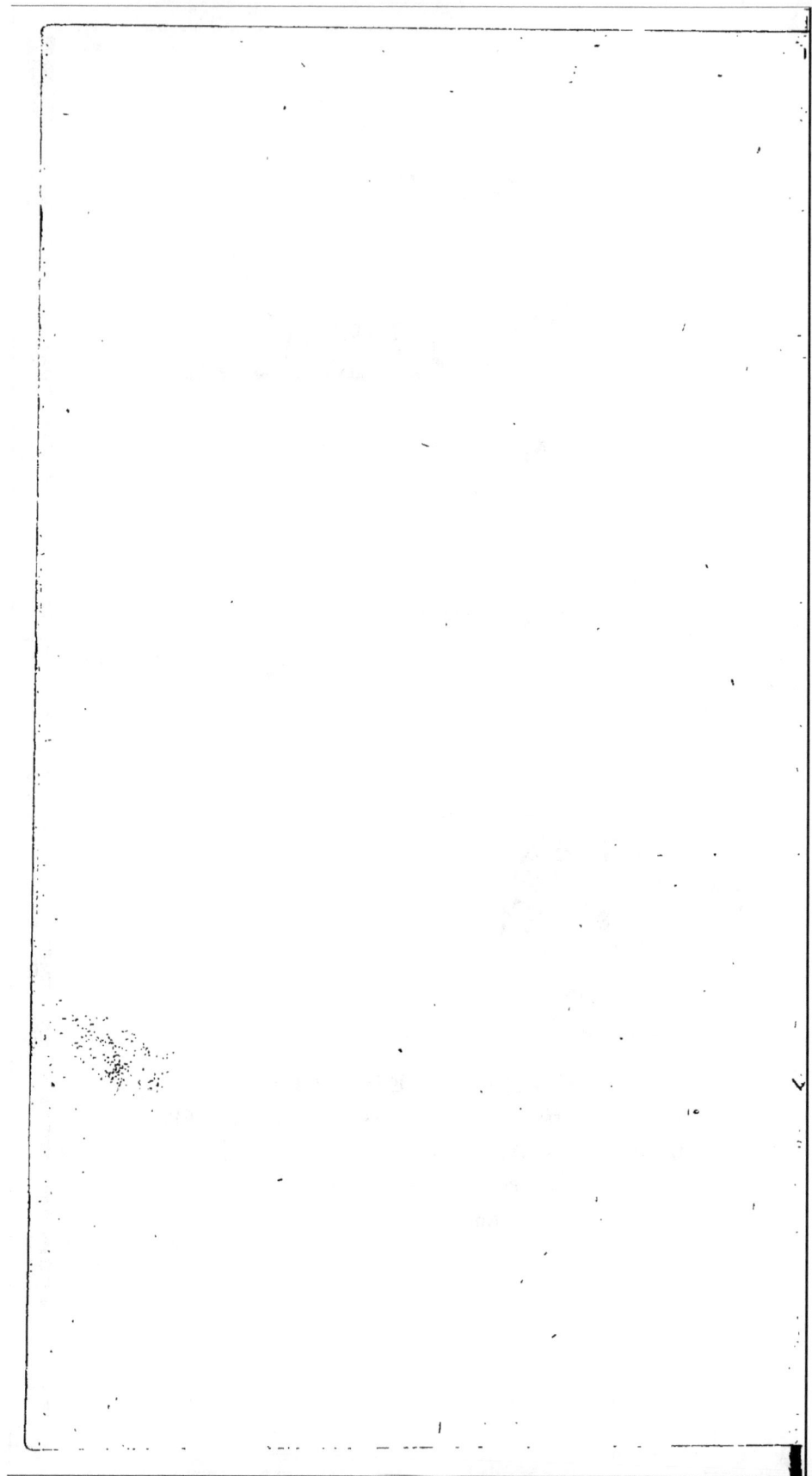

TABLE DES MATIÈRES.

CHAPITRE VI.

DE LA PROPRIÉTÉ DES FOSSÉS, DES HAIES ET DES ARBRES.

FIN DE LA TABLE.

AVIS.

On a reproché à la première partie de cet ouvrage d'avoir entièrement négligé la grande voirie ; le reproche est fondé, puisque cette partie de la législation est régie par les mêmes règles que la voirie urbaine et rurale, ou du moins qu'elles ne diffèrent pas essentiellement.

Nous nous sommes donc attachés, dans cette seconde partie, à traiter la matière dans toute son étendue et sous toutes ses faces.

Par là, notre plan s'est trouvé considérablement agrandi ; mais aussi nous espérons que l'ouvrage paraîtra complet.

Des jurisconsultes distingués nous ont adressé des observations importantes, que nous fondrons dans la suite de notre ouvrage, à mesure que l'occasion s'en présentera.

Nous devons en particulier à M. Daviel fils, avocat à la Cour royale de Rouen, auteur d'un traité très estimé sur la *pratique des cours d'eau,* un morceau précieux sur les chemins de halage. Nous l'insérons en son entier et textuellement.

Nous regrettons qu'il n'ait pu entrer dans cette seconde partie ; on le trouvera au tom. II qui est sous presse.

Le mérite de notre ouvrage sera dû à cette espèce de collaboration.

Sous ce rapport, nous nous félicitons d'avoir fait paraître notre ouvrage par parties.

Si nous ne voulions qu'effleurer la matière, il nous serait facile de marcher rapidement ; mais nous travaillons lentement, observant à la lettre le précepte du maître : *Vingt fois sur le métier remettez votre ouvrage.*

C'est ainsi qu'après avoir tracé notre plan dans son entier et rédigé tout le premier livre, nous avons, par l'effet de nouvelles recherches, entièrement refondu notre travail.

Nous réserverons pour le livre III toutes les questions de compétence; selon nous, on ne peut les résoudre sans avoir étudié le premier livre où sont traitées et, nous l'espérons, approfondies toutes les questions de propriété.

TRAITÉ

DE

LA VOIRIE.

SUITE DU LIVRE PREMIER.

CHAPITRE III.

§ 1. Nature de la propriété de la voie publique.

354. Nous avons déjà, dans le chapitre précédent, indiqué en quoi les rues et les chemins communaux diffèrent des chemins de servitude, ou chemins privés.

Une erreur assez commune aujourd'hui est de considérer ces chemins comme une propriété ordinaire dans la possession des communautés d'habitants, et d'argumenter des règles qui régissent les propriétés privées, dans un grand nombre de cas où ces règles sont inapplicables.

Il faut se hâter de combattre cette erreur.

La propriété des chemins et des rues n'est pas une propriété proprement dite, c'est un terrain consacré à un service public, dont l'usage appartient à tous.

Le droit de propriété est de sa nature privatif, c'est-à-dire qu'il emporte le droit de jouir, à l'exclusion de tous autres. Au contraire, les chemins sont, par leur destination, établis pour l'usage de tous.

355. On dit que les communes en sont propriétaires. Nous examinerons tout à l'heure le texte des lois qui ont parlé de cette propriété ; mais, dès à présent, nous croyons pouvoir établir, comme un principe incontestable, que les communes n'ont pas le droit d'interdire l'usage de leurs chemins aux forains et aux étrangers, bien que ceux-ci ne contribuent en rien à leur entretien.

Pourquoi ? c'est que les communes tiennent ces terrains de l'état sous cette condition.

Au moment où, par l'abolition du régime féodal, les seigneurs ont perdu la propriété de ces chemins, ces chemins sont devenus, comme tous les biens vacants et sans maître, la propriété de l'état.

Néanmoins l'état peut accorder ces biens à qui bon lui semble ; c'est ainsi que, par l'art. 9 de la loi du 28 août 1792, il a cédé aux communes les terres vaines et vagues de leur territoire. A la vérité, la cour de cassation a jugé, le 5 mars 1818, qu'un chemin vicinal n'est pas une terre vaine et vague ; mais, par une raison analogue, on a rétrocédé aux communes, qui sont des portions de la grande société, les che mins locaux, et l'état ne s'est réservé que les grandes routes.

Par cette cession, l'état s'est dégrevé ; mais il ne s'est pas dépouillé du droit *éminent* de propriété sur ces chemins ; aussi ne paie-t-il aucune indemnité aux communes, lorsqu'il érige des chemins vicinaux en routes départementales.

356. On ne conçoit de véritable propriété que celle qui procure un produit; or, les chemins ne sont que des charges.

Il n'y a pas de propriété sans le droit d'en disposer ou de l'aliéner ; or, tant qu'une communication vicinale est jugée nécessaire par l'administration, elle ne peut être supprimée ni par conséquent vendue.

Même au cas de vente autorisée, les deniers n'en seraient pas distribués aux habitants; ils

32.

seraient employés à ouvrir une autre route, ou
à une destination *publique* analogue.

D'ailleurs, la propriété des gens de mainmorte n'est toujours qu'une propriété impar-
faite. (*Voy.* M. Merlin, *Nouveau Répertoire
de jurisprudence,* verbo *Gens de mainmorte.*)

Rien ne pourrait empêcher le gouvernement
de déclarer nationales toutes les propriétés communales, si l'expérience du passé n'était là pour
prouver les inconvénients graves qui en résultent pour la chose publique, et que les fonds
ainsi détournés de leur destination sont dévorés
inutilement.

Du reste, nous croyons que les communes,
comme l'état, sont peu propres à administrer
des biens productifs, qu'elles ne savent pas en
augmenter la valeur, et qu'elles en gaspillent
plus ou moins les produits. Elles ont des procès
qu'elles ne savent pas défendre. Il convient beaucoup mieux qu'elles s'imposent pour faire face
à leurs besoins.

Au surplus, ces observations ne s'appliquent
pas aux chemins, qui, comme nous l'avons dit,
ne sont que des charges publiques, et non de
véritables propriétés.

357. De ce que les communes acquittent à la
décharge de l'état les frais de confection et d'en-

tretien des chemins, et que sans ce secours les chemins ne seraient pas faits, il en résulte que c'est la première dépense à laquelle elles doivent pourvoir, et que les contributions destinées aux dépenses générales doivent passer après.

358. De ce que les chemins sont une propriété publique, il résulte que, dans tous les cas où il est nécessaire de demander le sacrifice d'une propriété privée, soit pour réunir à la voie publique, soit pour en tirer des matériaux, c'est l'état lui-même qui est censé poursuivre l'expropriation.

359. D'autres conséquences dérivent de ce principe : — c'est que les deniers votés pour l'entretien ou la confection de ces chemins jouissent du même privilége que les deniers publics ; — c'est que les délits ou contraventions commis sur les chemins ne sont pas des atteintes à la propriété proprement dite, mais des manquements envers la chose publique ; — c'est que cette nature de propriété est par sa destination soumise, de plein droit, à des servitudes de toute espèce envers les propriétés riveraines ; — c'est que les chemins sont imprescriptibles.

Une autre preuve que les chemins ne sont pas des propriétés publiques, c'est que le sol des chemins communaux n'est pas imposable comme les autres propriétés communales. (Loi du 25 novembre 1798, art. 113, *Recueil mé-thodique du cadastre,* n° 399.)

Enfin , une dernière conséquence de leur caractère *public*, c'est qu'ils ne sont pas , comme les droits d'usage , affectés à l'habitation *ut singuli;* mais qu'ils appartiennent à tous , *ut universi,* même aux étrangers.

Toutes ces conséquences trouveront leur développement dans la suite de ce traité.

Ce n'est donc qu'improprement qu'on a dit , et qu'on répète sans cesse , que les communes ont la propriété de leurs rues , places et chemins.

§ 2. Des lois relatives à la propriété des rues et des chemins.

360. Les lois d'Angleterre n'ont point attribué aux communes de droit de propriété proprement dit sur les routes ; elles leur ont, au contraire, imposé la confection de ces chemins comme une charge.

Chez nos voisins, cette charge est plus étendue que chez nous , puisque les paroisses sont tenues de la confection et de l'entretien , non pas seulement des communications vicinales , mais des routes correspondantes à celles dites de deuxième classe, ou au moins aux routes départementales. Il n'y a d'exception que pour les routes parlementaires , ou routes militaires.

Chez nous , il n'existe aucune loi qui ait dit virtuellement que les communes sont propriétaires des chemins publics passant sur leurs territoires.

361. Celle du 14 décembre 1789 , sanctionnée le 18, relative à la constitution des municipalités, charge, par l'art. 50 , les corps municipaux de régir les biens et revenus des communes, de régler et acquitter celles des dépenses locales qui doivent être payées des deniers communaux ; de diriger les travaux publics à la charge de la communauté ; de les faire jouir des avantages d'une bonne police , de la salubrité et de la tranquillité dans les rues , lieux et édifices publics.

Mais elle ne parle point de la propriété.

La loi du 15 août 1790 porte, art. 1er : « Le » régime féodal et la justice seigneuriale étant » abolis ; nul ne peut, à l'un ou à l'autre de ces » titres , prétendre aucun droit de propriété ni » de voirie sur les chemins publics , rues et » places des communes. »

Cette loi dépossède les seigneurs de tous leurs droits de propriété , mais elle ne dit pas à qui, de l'état ou des communes, appartiennent les chemins publics.

Il est même dans l'esprit de cet article de les considérer comme des biens dont l'usage appartient à tous, et la propriété à personne.

L'art. 5 permet aux communes de racheter les arbres plantés par les seigneurs et autres sur ces chemins. Cette disposition n'est pas attributive de propriété; car la même faculté est accordée aux riverains.

362. La loi du 1er décembre 1790 porte, art. 2, § 1er: « Les chemins *publics,* les rues et pla-
» ces des *villes,* les fleuves et rivières navigables,
» les rivages, lais et relais de la mer, les ports,
» les gares, les rades, etc., et en général
» toutes les portions du territoire *national* qui ne
» sont pas susceptibles d'une propriété privée,
» sont considérés comme des dépendances du
» domaine public. »

Cette disposition, plus générale que celle du 538e art. du Code civil, bien loin d'être attributive de propriété aux communes, place au contraire évidemment les chemins et rues dans le domaine *national.* C'est ce qui avait été reconnu par une circulaire du ministre des finances, du 4 germinal an VII, portant que ceux qui seraient supprimés, devaient être vendus au profit de la république.

363. La loi du 6 octobre 1791 sur la ruralité, dit, section VI, titre II, art. 2 :

« Les chemins reconnus par le directoire » de district pour être nécessaires à la com- » munication des paroisses, seront rendus pra- » ticables et entretenus aux dépens des com- » munautés sur le territoire desquelles ils sont » établis ; il pourra y avoir à cet effet une im- » position au marc la livre de la contribution » foncière. »

Il ne s'agit dans cette loi que du mode de confection et d'entretien des chemins, et non de la propriété. Le droit de lever l'impôt étant une concession de la puissance publique, il n'y a pas contradiction entre cette loi et celle du 1er décembre 1790 ; car l'état n'a pas re- noncé formellement à la propriété des che- mins ; il charge seulement les communes de les entretenir.

364. La loi du 28 août 1792, sur le réta- blissement des communes dans les propriétés et droits dont elles avaient été dépouillées par l'effet de la puissance féodale, a une disposi- tion qui a trait plus directement à la propriété des chemins ;

Elle dispose, par son art. 15, que tous les

arbres existants sur les places des villes, bourgs
et villages, sont censés appartenir aux communautés, ce qui emporte avec soi l'idée de
la propriété du sol.

365. Mais la preuve que ce serait trop conclure d'une disposition relative aux arbres, à
l'entière propriété du sol, c'est qu'on excepte
les droits que des particuliers ou seigneurs y
auraient acquis par titre ou par possession;

C'est que par l'art. 14 il est dit, que tous les
arbres existants sur les chemins publics, autres
que les grandes routes, et sur les rues des
villes, bourgs et villages, sont censés appartenir aux propriétaires riverains, *à moins que
les communes ne justifient en avoir acquis la
propriété par titre ou possession;*

C'est que, dans l'art. 15 déjà cité, il est
parlé des droits de propriété des communes
d'une manière hypothétique, *dont les communautés* ont ou *recouvreront* la propriété.

366. A la vérité la loi du 10 juin 1793, encore plus favorable aux communes, les affran-
chit de la nécessité de justifier de leur propriété
sur les arbres; elle la présume toujours.

Mais en cela, elle ne s'explique pas encore suffisamment sur la propriété; car, d'après les lois
spéciales sur les plantations des routes, les ar-

bres peuvent appartenir à d'autres qu'aux propriétaires du sol.

L'art. 5., section 1ere de cette loi, portant « que les places, promenades, voies publiques » et édifices à l'usage des communes sont ex- » ceptés du partage des biens communaux, » quoiqu'il semble expressément reconnaître la propriété des communes sur les chemins, est plutôt énonciatif que déclaratif d'un droit de propriété, surtout il ne prononce rien entre l'état et les communes. Aussi, dans sa circulaire du 4 germinal an VII, le ministre des finances avait-il décidé « que, d'après la loi du » 1er décembre 1790, les chemins *vicinaux*, » formant une dépendance du domaine natio- » nal, devaient, en cas de suppression, être » vendus au profit du gouvernement. »

367. La loi du 16 frimaire an II (6 décembre 1793), en disposant, par son article 1er, que les chemins vicinaux continueraient d'être aux frais des administrés, ne statuait rien sur la propriété, et semblait au contraire, comme les précédentes, les considérer comme dépendance du domaine public, par l'exception qui termine cet article, et qui est ainsi conçue :

« Sauf les cas où ils deviendraient nécessaires » au service public. »

Cette loi n'avait résolu qu'un mode d'emploi de l'impôt , une véritable spécialisation.

368. L'arrêté du directoire, du 28 floréal an IV (18 avril 1796), est relatif seulement à la propriété des grandes routes, et ne s'explique pas sur les chemins vicinaux.

369. L'arrêté du directoire, du 23 messidor an v (11 juillet 1797), sur la confection de l'état général des chemins vicinaux, et la suppression de ceux qui sont inutiles, bien loin de reconnaître aux communes aucun droit de propriété, semble, en attribuant aux administrations centrales le droit de la suppression des chemins vicinaux, et en ordonnant de les rendre à l'agriculture, sans verser le prix du sol aux caisses communales, les réserver au trésor.

370. Le premier acte du gouvernement qui ait décidé la question de propriété est un arrêté consulaire du 24 vendémiaire an x (16 octobre 1802); mais ce n'est pas une loi, ce n'est pas même un règlement général.

Il s'agissait de la validité d'un acte de l'administration du département du Rhône , qui avait attribué au sieur *Clavel*, à titre de dédommagement d'un terrain pris sur sa propriété pour la confection de la route de Lyon à Saint-Etienne , le sol d'un chemin vicinal appartenant à la commune de Sainte-Foy, et supprimé comme inutile.

Le conseil d'état a considéré « que les che-
» mins dont parle la loi du 1er décembre 1790,
» et dont elle attribue la propriété à l'état, sont
» les routes faites et entretenues aux frais de la
» nation ; que celle-ci n'a jamais entendu s'em-
» parer des chemins vicinaux composés de ter-
» rains achetés ou échangés par les communes,
» ou fournis par les propriétaires gratuitement
» pour le service particulier des communes ;
» que les lois des 6 octobre 1791, 16 frimaire
» an II, et 11 frimaire an VII, qui ont laissé l'en-
» tretien de ces chemins à la charge des com-
» munes, sauf le cas où ils deviendraient néces-
» saires au service public, ne donnent point à
» croire qu'ils seraient des propriétés natio-
» nales. »

Il a considéré qu'un chemin vicinal appartient à la commune ; que l'arrêté dont il s'a-
gissait, en rendant comme domaine national un
chemin vicinal, quoiqu'il fût domaine communal de sa nature, avait commis une erreur.

Mais comme cette erreur ne viciait pas le
fond de la décision, le gouvernement, de
l'avis du conseil d'état, a décidé que l'arrêté
pouvait être maintenu.

Le principe de la propriété des communes est
ici très nettement reconnu ; mais l'arrêté dont
il s'agit , n'ayant pas été inséré au *Bulletin des
lois* (1) , n'est qu'une décision particulière , un
véritable arrêt du conseil ; il ne suffisait pas
pour décider une question aussi importante.

371. Lors de la discussion du Code civil, il se
présenta une occasion, pour le conseil d'état, de
se prononcer sur la question. On lisait dans le
projet d'article devenu l'art. 538 du Code ,
que les *chemins publics* , les rues et places
publiques , étaient considérés comme domaine
public.

L'auteur du *Nouveau Répertoire* nous retrace
de la manière suivante la discussion qui s'est
élevée à ce sujet :

Regnault de Saint-Jean-d'Angely observe ,
« que l'article doit être réformé, en ce qu'il com-
» prend dans le domaine public les chemins pu-
» blics , les rues et places publiques. Il fait
» remarquer que les lois distinguent entre les
» grandes routes et les chemins vicinaux. *Ceux-
» ci*, dit-il , *sont la propriété des communes et
» entretenus par elles.* Ce principe est dans la
» jurisprudence du conseil. Chaque jour des

_____

(1) Voyez cette pièce au *Supplément du Bulletin des lois.*
1824.

» arrêtés mettent l'entretien des chemins vici-
» naux à la charge des communes. Quant aux
» rues et places publiques, elles sont aussi la
» propriété des communes, aux termes de la loi
» du 11 frimaire an VII, de divers arrêtés du
» gouvernement, notamment de celui rendu
» pour la commune de Paris, relativement au
» pavement d'une rue. Il n'y a d'exception à ce
» principe que pour les rues et places où passent
» les grandes routes entretenues par l'état. »

Treilhard dit « qu'en effet les chemins vi-
» cinaux et les rues qui ne sont pas grandes
» routes appartiennent aux communes. »

Tronchet observe « qu'il y a des chemins
» qui, sans être grandes routes, appartiennent à
» l'état. »

Regnault de Saint-Jean-d'Angely dit « qu'il
» est facile de distinguer les chemins dont la pro-
» priété appartient à la nation : ce sont ceux
» qu'elle entretient. »

La définition proposée par Regnault de Saint-
Jean-d'Angely, sur les chemins vicinaux, et
le retranchement de l'énumération des rues et
places publiques sont adoptés.

En conséquence, dans la rédaction de l'art. 538
du Code civil, il est dit :

« Les chemins, routes et rues, à *la charge*

» *de l'état,* les fleuves et rivières navigables, etc.,
» sont considérés comme des dépendances du
» domaine public.

L'art. 542 du même Code porte « que les
» biens communaux sont ceux à la propriété ou
» au produit desquels les habitants d'une ou
» de plusieurs communes ont un droit acquis. »

Mais on ne peut faire application de cet article aux chemins vicinaux que par induction.

372. La discussion du conseil d'état, sur
l'art. 538, est beaucoup plus décisive; cependant
une opinion semblable ne peut pas faire loi;
car le corps législatif, en sanctionnant la loi, a
pu ne pas admettre l'opinion du conseil d'état.

La discussion dans le conseil n'a pas porté sur
le véritable point de la difficulté. Il n'y a aucun
doute que les communes ne soient tenues d'entretenir les chemins; mais de ce qu'elles doivent
supporter cette dépense locale, était-il exact
de conclure que les chemins et les rues ne font
pas partie du domaine public ?

Si cette conclusion était exacte, les communes pourraient fermer les accès de leurs chemins aux personnes étrangères à la commune,
en leur faisant payer le passage, comme elles
vendent ou afferment les produits de leurs autres biens communaux.

N'était-il pas plus exact de dire que, du moment que des rues, originairement privées, sont remises à la charge de la commune, elles deviennent propriété *publique* ou *communale?*

La synonymie est en effet parfaite. Les chemins et les rues ne forment pas, à proprement parler, une propriété.

Au contraire, en prenant sur les propriétés le terrain nécessaire pour faire un chemin vicinal, on le fait sortir du commerce ; ce chemin devient la propriété de tous, et n'est celle de personne.

373. Donc, malgré l'amendement introduit dans l'art. 538 du Code civil, il faut dire que les *chemins et les rues* entretenus par les communes, sont, comme les autres, une dépendance du domaine public.

Seulement il y a affectation spéciale, et si ce chemin est supprimé comme inutile, il est juste que le terrain soit vendu au profit de la commune pour alléger d'autant ses charges.

Voilà jusqu'où s'étend le droit de propriété ; vis-à-vis de l'état, ce n'est rien, c'est au contraire une charge ; mais à l'égard des propriétaires qui usurpent sur la voie publique, les communes ont le droit, soit en leur nom, soit comme représentant tacitement l'état,

33

de revendiquer le chemin comme leur propriété.

C'est à cela que s'appliquent les nombreux
arrêts du conseil, que l'on cite comme consa-
crant le droit de propriété des communes; notamment l'arrêt du conseil, en forme de décret,
sur la requête du sieur Brunet Dumolard, du
16 octobre 1813, inséré au *Bulletin des lois*,
qui fit cesser les incertitudes antérieures sur
la compétence respective des tribunaux, des
préfets et des conseils de préfecture.

Si, dans les contestations sur la propriété,
ce sont les communes, et non l'état, qui figurent, cela ne change pas la nature de la propriété.

L'attribution donnée aux préfets pour classer
les chemins vicinaux, sans le concours de la
commune, ou pour les supprimer, était une
preuve du domaine éminent de l'état; la propriété des communes n'est entre l'état et elles
qu'un engagement précaire; mais nous discu-
terons ce point plus tard.

§ 3. De l'imprescriptibilité des chemins et des rues.

374. Nous avons prouvé que les chemins et les
rues n'étaient pas une propriété proprement
dite, dans la main des communes, puisque

d'une part, ces chemins ne donnent aucun produit, et ne sont qu'une charge; puisque, d'une
autre part, ils ne sont pas à l'usage exclusif des
communistes , et qu'ils ne sont pas susceptibles de location ni d'aliénation.

En un mot, cette nature de biens n'est pas
dans le commerce. Malgré ce qui s'est passé
dans la discussion au conseil d'état, lors de
l'adoption de l'art. 538 du Code civil, il est
évident que les rues et les chemins sont une
dépendance du domaine public, sont du nombre des biens qu'on appelle *res nullius,* c'est-à-
dire ceux qui n'appartiennent à personne
mais dont l'usage est dévolu à tous.

Il n'existe en effet, entre les grandes routes
et les chemins vicinaux , quant à la destination,
aucune différence réelle : la seule à remarquer
ici est que le trésor public supporte la dépense
des premières , et le trésor communal la dépense des autres.

Dès lors la question de prescriptibilité est
facile à résoudre.

375. Ne sont prescriptibles , aux termes de
l'art. 2226 du Code civil, que les biens qui sont
dans le commerce, ceux qui ne sont pas destinés à un service public perpétuel.

En effet, pour prescrire, il faut avoir une

33.

possession publique et paisible , et non de simple tolérance.

Or , la publicité du chemin, son usage, sont
un titre permanent qui proteste toujours contre ceux qui l'usurpent. L'occupation qu'on en
fait ne peut donc être que de simple tolérance ; c'est moins que cela , c'est une contravention ou un délit.

La prescription à l'effet d'acquérir est fondée
sur l'abandon présumé du propriétaire. Ici la
présomption d'abandon ne peut être admise.
*Viam publicam populus non utendo amittere
non potest.* (JAVOLENUS , loi 2, Dig. *De via
publica et itinere publico reficiendo.*)

376. «Les biens des villes et des communautés
» (les communes), dit Dunod (*Traité des
» prescriptions*) sont de deux espèces : car les
» uns produisent des revenus ; et comme ils peu-
» vent être aliénés pour cause et avec de cer-
» taines formalités , ils sont prescriptibles par le
» temps ordinaire. Les autres sont destinés à l'u-
» sage des personnes de la ville ou de la com-
» munauté dont ils dépendent (il aurait dû
» ajouter et des étrangers); ils sont publics à
» leur égard : tels sont les rues , les places , les
» marchés , les cours , les fontaines , les édi-
» fices publics , etc. Les biens de cette dernière

» espèce ne sont pas dans le commerce ; c'est
» pourquoi ils ne peuvent pas *être prescrits par*
» *le temps ordinaire ;* mais si le public peut s'en
» passer, et qu'ils soient tenus d'un temps im-
» mémorial, ils sont censés aliénés et prescrits, en
» suite d'un privilége ou d'une concession légi-
» time faite par le souverain , ou par le peuple ,
» qui en avait la pleine administration. Le droit
» civil qui les rend publics ne leur imprime
» pas une imprescriptibilité absolue; il suppose
» même qu'ils peuvent être acquis par conces-
» sion et privilége ; ils peuvent par conséquent
» être prescrits par une possession immémo-
» riale qui fait présumer le privilége ou le titre
» nécessaire. Les lois qui rejettent la prescrip-
» tion en cette matière ne doivent être enten-
» dues que de celle d'un long temps, ou de celle
» qui n'exige point de titre, et ne le fait pas pré-
» sumer. »

Cette opinion de Dunod est entièrement
exacte, excepté en ce qui concerne la prescription par possession immémoriale. La possession immémoriale ne serait pas plus admissible
en cette matière que pour les autres parties du domaine public , qui ne sont pas dans
le commerce (art. 538 du Code civil), tant
que l'objet en litige conserve sa destination

publique ; et il ne peut cesser de l'avoir , que
par un acte de la puissance publique , qui la
fasse rentrer dans le commerce , comme cela
arrive tous les jours à l'égard des lais et relais
de la mer; dont la loi de 1807 autorise l'aliénation; des places et remparts de guerre , lorsqu'ils sont déclarés inutiles à la défense de l'é-
tat , et des rivières ou canaux navigables ou
flottables , si la navigation est supprimée.

Lorsque la destination est changée , ces objets sont susceptibles de la prescription trentenaire, et non immémoriale , comme tous les
autres biens.

Mais le raisonnement de Dunod subsiste dans
toute sa force , quant à la conséquence qu'il
tire du caractère public des rues et des chemins.

377. Son opinion est confirmée par celle de
Pothier qui , au *Traité de la prescription*,
Ire partie, chap. 1er, no 7, s'exprime ainsi :

« La prescription de dix et vingt ans était un
» droit d'usucapion et une manière d'acquérir
» le domaine de propriété d'une chose par la
» possession que nous en avons : c'est une con-
» séquence que les choses que les particuliers
» sont incapables d'acquérir ne peuvent être
» susceptibles de cette prescription.

» De là il suit que les choses qui sont hors du

»commerce ne peuvent être susceptibles de
»cette prescription, telles que sont les églises,
»les cimetières, les places publiques, non seu-
»lement les grands chemins, qu'on appelle
»*viæ militares* ou *viæ regiæ*, mais même les
»CHEMINS DE TRAVERSE qu'on appelle VIÆ VI-
»CINALES. C'est pourquoi si quelqu'un s'était
»emparé d'un chemin public et l'eût labouré,
»et me l'eût ensuite vendu, comme un terrain
»dont il se disait propriétaire ; quoique je l'aie
»acquis de bonne foi, dans l'opinion en la-
»quelle j'étais que c'était une chose qui lui ap-
»partenait, je ne peux en acquérir, par cette
»prescription, le domaine de propriété.»

On reconnaît dans ce passage toute la recti-
tude de jugement du jurisconsulte orléanais.

378. Néanmoins il a paru à un auteur estimable, M. Garnier, *Traité des chemins*,
n° 163, pag. 230, que la chose était susceptible
de distinction.

« Supposons, dit-il, que pendant trente ans
»les riverains aient joui du terrain qui formait
»le chemin vicinal, qu'ils l'aient enclos dans
»leurs propriétés, qu'ils l'aient cultivé, ense-
»mencé, et en aient récolté le produit; que con-
»séquemment, pendant la même période, la
»commune ait été privée du passage par ce che-

» min., et l'ait exercé par un autre : faudra-t-il
» décider dans ce cas que la commune a con-
» servé sa propriété ? J'avoue que j'ai beaucoup
» de peine à me décider pour l'affirmative, et
» que la solution contraire ne me paraîtrait point
» du tout déraisonnable.

» En effet, les communes sont propriétaires
» des chemins vicinaux ; elles peuvent, par suite,
» supprimer ceux qui leur paraissent inutiles,
» pour les rendre à l'agriculture, et les vendre,
» en accordant toujours la préférence aux rive-
» rains ; or (dans le cas proposé) n'est-il pas
» vraisemblable qu'elle a abandonné celui-ci
» comme inutile et que la jouissance des rive-
» rains est fondée sur un arrangement intervenu
» entre elles et eux ? et n'est-ce pas le cas d'ap-
» pliquer la prescription de trente ans pour
» suppléer à la perte présumée du titre ?... Ne
» semble-t-il pas raisonnable de distinguer,
» dans le chemin, deux choses bien différentes?
» la propriété communale et la chose publique.
» Considéré, sous le premier rapport, le chemin
» est susceptible de prescription, comme tout au-
» tre bien communal. » (Art. 2227, Code civil.)

Ici nous répondons que les chemins et les
rues ne sont pas des *propriétés communales ;*
qu'aucune loi ne leur assigne ce caractère ; que

dans la pratique on ne le leur reconnaît que par induction ; mais que celte induction, appuyée aujourd'hui par une jurisprudence déjà ancienne, n'est point exacte; qu'elle est contraire à l'essence des choses et à la nature de cette propriété : qu'ainsi on ne peut rien conclure sur la question de propriété, d'un faux principe.

378. Passons au second argument de M. Garnier.

« Si c'est uniquement l'usage auquel il est
» destiné, qui le soustrait à l'empire de la règle
» commune, il faut reconnaître qu'aussitôt que
» cet usage a cessé, il rentre sous son in-
» fluence, puisqu'il a cessé d'y être consacré :
» or quelle preuve plus positive peut-on avoir
» de la volonté de la commune d'abandonner
» le chemin, que l'usage exclusif qu'en ont fait
» les riverains (il aurait fallu dire celui qui
» prétend avoir prescrit); car l'usage collectif
» serait un argument contre la possession *ani-
» mo Domini,* pendant trente ans, sans au-
» cune opposition de sa part. »

Ici nous répondons encore, que l'abandon d'une chose, publique de sa nature, ne se présume pas, et que personne ne peut se faire un titre de son délit ; quant à la présomption d'a-

34

bandon, c'est avec raison que le législateur ne
l'a pas admise à l'égard des propriétés publiques, comme à l'égard des propriétés privées,
parcequ'on sait que les particuliers sont bien
plus vigilants que les gardiens de la chose publique. Il serait trop dangereux d'admettre que
la négligence ou la collusion d'un maire pût
dépouiller la commune d'une chose aussi nécessaire qu'un chemin ou qu'une rue.

Nous disons *nécessaire;* car si le chemin ou
la rue étaient inutiles, la suppression en aurait été prononcée par l'autorité publique.

D'ailleurs, il n'est pas exact de dire, comme
l'a fait M. Garnier, que la commune puisse
abandonner son chemin, et laisser acquérir la
prescription. Au contraire, les lois anciennes
et nouvelles ont donné à l'autorité administrative supérieure le droit de s'y opposer. Leur
concours est indispensable pour tout ce qui
concerne la chose publique, tandis que, pour
les biens vicinaux proprement dits, l'aliénation n'est soumise à des formalités qu'à cause
de la minorité des communes.

379. « Une nouvelle raison, poursuit M. Gar-
» nier, en faveur de l'opinion que nous venons
» d'émettre, nous paraît résulter des art. 540
» et 541 du Code civil.

» L'art. 540 dispose que les portes, murs,
» fossés, remparts des places de guerre et des
» forteresses font partie du domaine public.

» Et l'art. 541 ajoute : *Il en est de même* des
» terrains des fortifications et remparts des
» places qui ne sont plus places de guerre; ils
» appartiennent à l'état, s'ils n'ont été valable-
» ment aliénés, ou si la *propriété n'en a pas*
» *été prescrite contre lui.*

» Si, dès que les places de guerre cessent
» d'avoir ce caractère, leurs terrains, fortifi-
» cations et remparts rentrent dans le com-
» merce, et deviennent prescriptibles, il en
» doit être de même à plus forte raison des
» chemins vicinaux.

» On dira peut-être qu'il est nécessaire qu'une
» décision administrative ait rendu à l'agricul-
» ture le terrain du chemin vicinal considéré
» comme inutile ; mais nous ferons observer
» que ce fait résulte suffisamment du silence
» de la commune et de la possession des rive-
» rains; car, comme le dit Dunod, il suffit que
» le public puisse se passer du chemin. Nous
» ajouterons que, pour qu'une place cesse d'être
» une place de guerre, *il n'est pas nécessaire*
» *qu'un acte de l'autorité administrative l'ait*
» *ainsi décidé ;* il suffit qu'en fait elle ne soit

34.

»plus employée à l'usage auquel elle était d'a-
» bord consacrée. »

380. C'est une erreur de prétendre que les
places de guerre puissent être rendues à leur
nature de propriété ordinaire, autrement que
par des actes de l'autorité publique ; c'est au
contraire un principe de droit public, déjà ancien en France, que les places fortes ne pourront être détournées de leur destination sans
l'autorisation de l'autorité souveraine. (Ordonnance de Charles VI ; loi du 17 juillet 1819,
art. 4, sur les servitudes imposées à la propriété.)

M. Garnier n'argumente à cet égard que de
l'art. 541 du Code civil ; mais il n'en a pas
saisi le véritable sens : cet article ne dit pas,
comme le suppose le jurisconsulte que nous
combattons, et comme il devait le supposer
pour que son argument fût concluant, qu'il
suffit que les places de guerre ne soient plus
de fait employées comme telles, pour être
prescriptibles ; il dit seulement que les terrains des fortifications et remparts tombent
dans le *domaine public*, lorsqu'ils ont *cessé
d'être places de guerre.*

Et par ces mots, *domaine public*, il faut entendre non cette sorte de domaine qui est hors

du commerce, mais les biens domaniaux ordinaires, par la raison que les biens qui n'appartiennent à personne sont l'héritage du domaine.

Et par ceux-ci, *qui ne sont plus places de guerre*, le législateur, loin de s'en tenir uniquement au fait, s'en réfère tacitement aux lois qui régissent les places; lois qui indiquent avec précision quelles sont les parties du sol national qui sont enlevées à la circulation, et consacrées à un service public perpétuel; et quand elles doivent cesser de recevoir cette destination.

L'art. 541 parle plutôt de l'état de droit que de l'état de fait; car il est un grand nombre de places qui, pendant un long espace d'années, restent abandonnées et sans garnisons, sans pour cela cesser de figurer dans la liste des places fortes.

Il y a des ordonnances qui élèvent des villes au rang de places fortes, comme il en faut pour les placer hors du système défensif; de même qu'il y a des arrêtés administratifs pour classer et déclasser les chemins vicinaux; de même qu'il y a des ordonnances pour les routes royales et pour les routes départementales.

L'art. 541 suppose qu'une place de guerre a été supprimée, et alors il s'occupe de décider à qui en appartient la propriété; il déclare

qu'elle fait partie du domaine public, et qu'elle
doit profiter à l'état, à moins *que la propriété
ait été prescrite contre lui,* ce qui est conforme
au droit commun; car la partie du domaine qui
n'est pas soumise à un service public est prescriptible comme les propriétés particulières.

38ı. Au reste, le cas supposé par M. Garnier,
de l'occupation entière d'un chemin vicinal, est
bien rare. La question de prescriptibilité n'est
importante dans l'application que relativement
aux usurpations pratiquées incessamment par
les riverains ; usurpations qui ont paru au législateur si dangereuses et si multipliées, qu'il a
conferé aux conseils de préfecture, à l'exclusion des tribunaux, un pouvoir de répression
particulier ; juridiction à laquelle échappent
tous ceux des délinquants qui opposent l'exception de propriété.

Cette exception une fois proposée, les conseils
de préfecture sont obligés de renvoyer les parties devant les tribunaux civils.

Maintenant les déliquants sont-ils admissibles
à soutenir qu'ils ont acquis, par prescription,
la possession de la partie du chemin qui est en
dedans des anciennes limites ?

Sur cette question très importante et d'une
application journalière, nous avons la satisfac-

tion de voir M. Garnier revenir entièrement à notre opinion.

382. « Nous pensons (dit-il , n° 164) que si » les riverains, au lieu de posséder la totalité, ne » jouissaient que d'une partie de ce chemin , » prise sur la largeur qui se trouverait ainsi ré- » trécie et diminuée , ils ne pourraient acquérir » la propriété de la portion de terrain qu'ils au- » raient possédée, quelle que fût d'ailleurs l'an- » cienneté de leur possession, et quelque positifs » que fussent les actes qui la caractérisent. Car » si les confins des héritages ne se prescrivent » pas entre voisins, c'est surtout lorsque l'un » des héritages contigus est un chemin, que ce » principe doit recevoir son application , puis- » qu'il serait très facile aux riverains d'empiéter » successivement sur sa largeur , et de le faire » sans éprouver d'opposition , l'intérêt commun » étant souvent négligé et toujours moins actif » que l'intérêt privé qu'il aurait pour adversaire. » D'ailleurs , on ne peut pas dire dans le cas pro- » posé que le chemin ait été rendu à l'agricul- » ture , et qu'il est présumable que la possession » des riverains est fondée sur des arrange- » ments pris avec la commune , puisqu'elle a » conservé l'usage du chemin. »

Et à ce sujet M. Garnier rappelle l'art. 346

de l'ordonnance de Blois, qui porte, ainsi qu'on
l'a vu :

« Les chemins seront réduits à leur largeur
» ancienne, nonobstant usurpations, par quel-
» que laps de temps qu'elles puissent avoir été
» faites. »

383. Mais si, de l'aveu de M. Garnier, ce
texte suffit pour rendre les limites des chemins
imprescriptibles, ne doit-on pas en conclure, *à
fortiori*, que le chemin lui-même est également
hors du commerce et de toute prescription?
Peut-on concevoir un chemin sans limites?
Un chemin peut-il être prescriptible pour une
partie, et imprescriptible pour l'autre?

Un chemin existe essentiellement et uniquement par ses limites; c'est donc le cas d'invoquer
la règle des *accessoires*, et de conclure que les
chemins et les rues sont entièrement imprescriptibles.

C'est d'ailleurs le principe de l'ancienne jurisprudence, ainsi que le prouvent les témoi-
gnages de Pothier et Dunod, confirmés par
Denisart, verbo *chemin* (1).

« Un chemin particulier, dit ce praticien
» habile, devient chemin public par la seule pos-

_____

(1) Voyez ci-après, au § 17 du chap. VI, l'opinion conforme de M. Henrion de Pansey.

» session du public ; et quand il est une fois che-
» min public, il n'est plus sujet à prescription :
» cela est décidé par plusieurs textes de lois. »

De ce que les propriétés particulières sont sujettes à prescription, pour servir de chemins publics, l'inverse n'est pas vraie.

384. Ce n'est pas seulement l'ordonnance de Blois qui veut l'imprescriptibilité ; il faut la conclure de la loi de 1805 (dont les principes revivent tacitement en ce point dans la loi du 28 juillet 1824), qui, en donnant aux préfets le droit de *reconnaître les anciennes limites des* chemins vicinaux, et de fixer leur *largeur d'après cette reconnaissance*, sans parler d'indemnité, fournit le moyen de réprimer toutes les usurpations, et rend l'exception de prescription improposable.

A la vérité, dans l'application de cette disposition de la loi de 1805, la jurisprudence du conseil d'état a fréquemment admis, comme proposable, l'exception de propriété, mais c'est uniquement lorsque les limites sont contestées (1) (car il ne faut pas que l'autorité admi-

(1) « Considérant, dit un arrêt du conseil, du 18 février » 1809, que l'art. 6 de la loi du 9 ventôse an XIII n'a attribué » à l'autorité administrative que le droit de rechercher et » de reconnaître les chemins vicinaux sur l'existence des-

nistrative puisse arbitrairement étendre les limites des chemins vicinaux , au préjudice des
héritages riverains) , ou lorsque le particulier
qui conteste le droit de la commune prétend
être propriétaire du chemin tout entier. Dans
ces deux cas , si les tribunaux reconnaissent
que la fixation du préfet excède les justes limites,
ou que le chemin est pratiqué aux dépens des
propriétés , il est dû une indemnité de dépossession. (Arrêts du conseil, 1er et 8 mai 1822,
12 mai 1819, 3 juin 1818, 16 octobre 1813.)

Nous traiterons ailleurs des formalités à remplir pour la suppression des chemins vicinaux ; il
suffit de dire ici que c'est à compter de cette
suppression que le sol des voies publiques rentre dans le commerce et devient prescriptible.

385. M. Garnier, dans son nouvel ouvrage in-
titulé *Explication de la Loi du 28 juillet 1824,*
n° 10, revient sur cette question de prescriptibilité des chemins, et cette fois il se prononce
pour l'affirmative avec moins d'hésitation que
la première. Ses arguments se réduisent à dire
que l'art. 538 du Code civil , par cela qu'il ne

» quels il n'existe aucune difficulté , et dont il s'agit seule-
» ment de vérifier les anciennes limites, et de déterminer
» la largeur , que dès lors cette disposition n'est point ap-
» plicable aux chemins dont la nature est contestée, et dont
» un particulier réclame la propriété privée. »

range parmi les biens du domaine public que
les chemins et les routes à la charge de l'état,
exclut par là même les chemins vicinaux : il forti-
fie cet argument par l'article 541, qui place au
nombre des biens communaux ceux à la *propriété* ou au produit desquels les habitants d'une
ou plusieurs communes ont un droit acquis, d'où
il conclut que les chemins communaux ne sont
pas du domaine public ; mais cette conclusion
est plus forte que les prémisses ; elle ne résulte
pas, comme nous l'avons prouvé, de l'article 541 : l'art. 538 n'est pas exclusif ; c'est au
contraire l'art. 2226, qui est général, et qui
s'applique parfaitement aux portions du domaine
communal qui sont consacrées à un service public perpétuel, et qui par cela même ne sont
pas dans le commerce.

386. M. Garnier invoque un arrêt de la cour de
cassation, du 1er août 1809 (1) ; mais, bien loin
d'appuyer son opinion, cet arrêt la repousse. Il
s'agissait d'un droit perçu sur la place du marché
de la commune de Routot ; droit dont le propriétaire fut dépossédé par suite de la loi du 15 mars
1790, qui lui fut rendu momentanément le
26 brumaire an 10, par un arrêté administra-

_____

(1) Sirey, 1810, p. 95.

tif, rapporté presque aussitôt. Le propriétaire
se pourvut alors au possessoire, devant les tribunaux, contre la commune; celle-ci opposa
que la possession était vicieuse, parcequ'il
s'agissait d'un bien insusceptible de prescription. La commune succombe devant les tribunaux; elle se pourvoit en cassation; ce pourvoi est rejeté par les motifs suivants :

« Attendu qu'un terrain peut servir à la te-
» nue des foires et marchés d'une commune,
» sans cesser d'être un bien patrimonial, une
» propriété privée, et sans avoir le caractère
» d'imprescriptibilité qui appartient aux pro-
» priétés publiques; que de là il s'ensuit que le
» juge de paix de Routot et le tribunal de Pont-
» Audemer ont pu considérer le terrain con-
» tentieux comme susceptible de prescription,
» et pouvant conséquemment être l'objet d'une
» action possessoire, sans qu'il y ait eu dans leur
» jugement ni violation de l'art. 2226 du Code
» Napoléon, ni fausse application de l'arti-
» cle 2227. »

On sait ce qu'est un arrêt de la section des
requêtes : c'est une fin de non juger plutôt qu'un
arrêt de doctrine. Il suffit qu'il y ait un moyen
de sauver l'arrêt attaqué de la cassation, pour
que la cour n'examine pas le fond. Dans l'es-

pèce de cet arrêt, il y avait incertitude de savoir qui était propriétaire du sol du marché, de la commune ou de l'ancien seigneur; dans ce cas la possession était un titre; les tribunaux de ressort ayant décidé que l'action dirigée contre la commune était recevable, il en résultait implicitement et peut-être explicitement qu'ils avaient considéré le terrain où était perçue la taxe comme n'étant pas la propriété de la commune; dès lors la cour de cassation a dû rejeter le pourvoi; et elle a eu raison de dire que par cela seul que le terrain dont il s'agit servait de marché, il n'était pas nécessairement du domaine public; qu'ainsi le droit perçu était un droit de location, et non une taxe sur un lieu public; la cour, dans ses motifs, déclare très explicitement que si le terrain dont il s'agit avait été une propriété publique, il était imprescriptible.

387. M. Garnier argumente encore d'un passage du discours de présentation de la loi du 28 juillet par le ministre de l'intérieur à la chambre des pairs, discours où il est dit pour justifier ce mode de prestation locale :

« Les habitants des communes, seuls membres de la communauté, ont seuls droit aux biens et aux fruits qui lui appartiennent,

» droit qui s'attache aux personnes , non aux
» possessions , qui se divise par famille , et dont
» sont exclus les forains , quoique tenant à la
» commune par leur propriété. Il serait *difficile*
» de ne pas placer les chemins communaux
» sous l'empire de ce droit , de ne pas recon-
» naître dans les dépenses qu'ils occasionent
» une charge personnelle des habitants , qui
» seuls en sont propriétaires , comme consti-
» tuant seuls la communauté. »

De ce qu'un ministre , pour justifier un système de prestation, a fait un rapprochement vicieux , faut-il l'appliquer à un cas que lui-même
n'a pas prévu? Il désavouerait certainement
l'induction; il n'a d'ailleurs rien affirmé.

Il n'est pas vrai , nous l'avons démontré ,
que les chemins soient une propriété véritable
dans la possession des communes, et qu'on
puisse les assimiler aux biens productifs. Rien
n'y ressemble moins , puisque les forains ont
incontestablement le droit de se servir sans
payer des chemins vicinaux. Le droit des habitants n'est donc pas exclusif, comme pour
les droits d'usage et les autres biens de la
communauté.

Si dans le système de la prestation on a ex-
clu les forains, c'est qu'on a supposé qu'ils ne

se servent du chemin qu'accidentellement, et qu'ils sont représentés par ceux qui exploitent leurs terres, par leurs régisseurs ou autres.

On ne peut, dans l'interprétation des lois, s'appuyer de l'opinion isolée d'un orateur, surtout l'employer dans un autre sens qu'il argumentait lui-même, sans s'exposer à faire des raisonnements très vicieux.

388. M. Garnier s'appuie encore d'une opinion du rapporteur de la commission de la chambre des députés, qui, répondant à la demande de M. de Beaumont, tendante à faire rétablir les chemins dans leurs anciennes limites, pensa que cela blesserait le droit de propriété, et qu'on ne pouvait réprimer que les empiètements récents et manifestes.

Ceci a porté M. Garnier à rétracter ce qu'il avait dit, même sur l'imprescriptibilité des limites.

Ici encore l'estimable auteur donne à la discussion plus de latitude qu'elle n'en a eu. M. de Beaumont proposait, dans le cas où on ne pourrait découvrir l'*empiètement*, que l'on prît sans indemnité sur les deux riverains le terrain nécessaire pour le passage de deux voitures. Le rapporteur avait raison de s'élever contre cette proposition, qui serait une violation réelle

de la propriété ; conclure de cette réponse
que les chemins sont prescriptibles par voie
d'usurpation, pourvu qu'elle soit légitimée par
trente ans de possession, c'est prêter au rapporteur une opinion qu'il n'a pas eue, puisque
lui-même veut qu'en vertu des lois combinées des 9 ventôse an xii et 9 ventôse an xiii,
on reprenne tous les empiètements récents et
manifestes, c'est-à-dire ceux qu'il est possible de reconnaître et de constater, et non
pas seulement ceux que la possession trentenaire aurait, dans l'opinion de M. Garnier, légitimée.

Ce serait aussi bien mal connaître la nature
des discussions souvent improvisées de la tri-
bune, entre des orateurs peu familiers avec la
législation, et parlant, d'après des souvenirs
vagues, comme M. de Beaumont lui-même en
fait l'aveu, que d'en argumenter comme du
texte d'un projet fait et mûrement délibéré.
Il n'est pas d'erreur qui, par cette méthode de
raisonner, ne puisse trouver son appui dans l'o-
pinion de quelque orateur peu instruit, parlant
sur une loi sans précision.

Ceux qui ont suivi les discussions de la chambre savent, par expérience, qu'on ne peut attacher d'importance qu'à ce qui a réellement fait

l'objet d'une délibération, et ce qui a par conséquent fixé l'attention de tous.

389. A la vérité l'art. 356 (et non 341) de l'ordonnance de Blois ne parle que des grands chemins ; mais de même que l'art. 538 du Code civil, il s'étend à toutes les parties de la voie publique.

M. Garnier en convient, et il ne puise une dérogation à l'ancien droit sur ce point que dans le Code civil : opinion que nous avons déjà suffisamment réfutée. Les principes n'ont pas varié sur ce point, parcequ'ils sont fondés sur la nature des choses.

L'auteur du *Traité des chemins* a donc eu tort de s'éloigner de sa première opinion, qui n'était soutenable qu'à l'égard des chemins non encore classés, parceque la destination de ceux-ci à un service public n'est pas encore établie suffisamment.

Nous admettons cette exception à la règle de l'imprescriptibilité, mais nous observons que tous les chemins publics doivent être classés.

390. M. Robion (1) n'hésite pas à penser que les chemins ne sont pas prescriptibles, parcequ'ils ne sont pas dans le commerce. L'auteur

_____

(1) N° 70 de son ouvrage, et note p. 46.

anonyme du *Code des chemins vicinaux*, p. 19 de la deuxième édition, soutient de nouveau l'opinion de M. Garnier, et le censure même pour avoir, dans le *Traité des chemins*, parlé de l'imprescriptibilité des limites ; il argumente à son tour de l'art. 2227 du Code civil, comme ayant abrogé toute l'ancienne jurisprudence. Nous avons suffisamment fait voir que l'article 2227 ne s'applique qu'aux biens des communes qui sont dans le commerce, et que c'est l'art. 2226 qu'il faut ici appliquer.

CHAPITRE IV.

DU CLASSEMENT DES CHEMINS, DES PLANS DES VILLES, ET DES ALIGNEMENTS.

591. Le *classement* est une opération par laquelle l'autorité administrative consacre au service de la voie publique un chemin privé ou une propriété privée.

Dans les villes, on supplée au classement par le dressé du *plan général*, lequel est soumis à la sanction directe du gouvernement.

L'*alignement* est la fixation de la *limite* de la voie publique.

Le classement des chemins communaux est

nécessaire pour assurer à la voie publique le privilége de l'imprescriptibilité, et de la juridiction spéciale établie pour réprimer les usurpations et les contraventions.

Sans lui, on ne saurait jamais si un chemin est public, ou si c'est un chemin privé, grevé d'une servitude publique.

Dans les villes, la voie publique est plus facile à reconnaître; mais comme on pourrait journellement en franchir les limites, ou en gêner la circulation, il est bon aussi que l'autorité publique déclare par un acte son ouverture.

A l'égard des choses qui, par leur nature même, sont *res nullius*, comme l'air, la lumière, la mer, la nécessité de la déclaration n'est pas indispensable, parceque la reconnaissance en est facile. Il n'en est pas de même pour les chemins.

392. La nécessité d'un acte de la puissance publique et souveraine est établie par les lois, pour les routes départementales (1) et pour les routes royales; pour les rivières flottables, pour les fleuves navigables de leur fond, et pour les rivières qui sont rendues navigables; pour les canaux; pour la formation des places de guerre;

(1) Arrêt du conseil, du 8 septembre 1824. *Macarel*, pag. 614.

35.

en un mot, pour toutes les parties du domaine
public, spécifiées en l'art. 538 du Code civil,
qui, sans cela, ne seraient pas toujours reconnaissables.

SECTION Ire.

§ 1. Du classement des chemins communaux.

393. D'après la loi rurale du 28 septembre—6
octobre 1791, titre Ier, sect. VI, art. 6, le classement devait avoir lieu, soit sur la demande des
officiers municipaux, soit sur la réclamation des
particuliers, par le directoire de département
(aujourd'hui le préfet), sur l'avis du directoire
de district (le sous-préfet).

Mais l'opération était isolée.

L'arrêté du gouvernement directorial, du
11 juillet 1797 (23 messidor an V), déclara la
nécessité de dresser un état général des chemins
qui seraient reconnus *nécessaires*, afin de rendre
les autres à la culture.

L'article 6 de la loi du 28 février 1805
« chargea l'*administration publique* de faire
» rechercher et reconnaître les anciennes li-
» mites des chemins vicinaux, et de fixer, d'après
» cette reconnaissance, leur largeur selon les
» localités..... »

Par là on semblait renoncer à l'arrêté gé-

néral de classement. La circulaire ministérielle
du 7 prairial an XIII, qui a obtenu presque autant d'autorité que la loi, et que dans la discussion de la loi du 28 juillet 1824 on a citée
comme devant encore servir de règle, dit à ce
sujet :

» Que, pour l'exécution de ces dispositions, il
paraît convenable de former l'*état* des chemins
vicinaux de la commune ; cet état indiquera
la direction et les différentes largeurs, s'il existe
quelques titres qui fassent connaître ces parti-
cularités, ou qui constatent simplement que
ces chemins sont une propriété communale ou
publique. L'état, ainsi disposé, sera publié dans
la commune, avec invitation aux habitants de
le contester, etc. Le tout sera ensuite soumis
au conseil municipal. La délibération sera soumise au sous-préfet ; ce fonctionnaire donnera
un avis motivé, d'après lequel le *conseil de préfecture* approuvera ou modifiera les vues du
conseil municipal, en fixant irrévocablement
la largeur des différents chemins, et en sou-
mettant la commune à payer, à dire d'experts, les terrains nouveaux dont elle aura
besoin. »

394. Nous parlerons dans le chapitre suivant
des formalités nécessaires à l'élargissement des

chemins ; il ne s'agit ici que du classement
et de l'autorité chargée de donner le sceau de la
puissance publique à l'opération.

La compétence du conseil de préfecture en
cette partie a été reconnue par divers arrêts du conseil en forme de décrets, notamment
ceux des 11 janvier 1808 , affaire Bredard;
15 janvier 1809, affaire Pelletier; 9 décembre
1810 , affaire Delaporte ; 15 juin 1813, affaire
Prestel.

Mais, en 1813, un décret du 16 octobre, rendu sur la requête du sieur Dumolard, inséré au
Bulletin des lois, a décidé formellement que,
d'après l'art. 6 de la loi du 9 ventôse an XIII,
le droit de fixer la largeur des chemins n'appartenait qu'aux préfets , sauf le recours au
ministre , et que les conseils de préfecture,
en connaissant de ces objets, commettaient un
excès de pouvoir, parcequ'ils ne sont chargés
de prononcer que sur les usurpations des riverains sur les limites reconnues de ces chemins.

Cette jurisprudence a été confirmée par un
avis du conseil d'état, approuvé le 8 novembre
1813 , inséré au *Bulletin des lois*, et par arrêts
du conseil en forme de décrets des 23 novembre
1813 et 6 janvier 1814.

A la restauration, le nouveau conseil d'état revint aux principes de la circulaire de l'an XIII, ainsi que le prouvent deux arrêts du conseil du 3o août 1814; mais le 23 avril 1818, sur le pourvoi du ministre de l'intérieur, le conseil est revenu au système consacré par le décret Dumolard, du 16 octobre 1813 ; et depuis sa jurisprudence y a été conforme.

395. La loi du 28 juillet 1824, bien loin de sanctionner cette jurisprudence, l'a renversée, ainsi que nous le démontrerons tout à l'heure, malgré l'opinion émise à ce sujet dans les chambres et plusieurs fois répétée ; puisque le préfet ne peut plus, sans la volonté des conseils municipaux, les grever d'indemnités, pour des élargissements spontanés, ou pour des classements isolés ; et quant aux limites, puisque ce sont des contraventions qui appartiennent à la justice répressive des conseils de préfecture, et des tribunaux correctionnels et de police, la circulaire ne peut donc plus être invoquée qu'en ce point qu'elle donne au préfet la provocation de la rédaction de l'état général des classements, et la sanction de la mesure, après que toutes les formalités préalables ont été accomplies. Encore cette disposition n'est-elle pas législative ; elle n'est pas écrite dans l'art. 6 de la loi de 1805, mais

elle est dans *l'esprit de la loi* du 28 juillet 1824, bien que l'instruction ministérielle du mois d'octobre n'en fasse pas une règle aux préfets.

Peut-être que le ministre ne s'est pas cru assez fort pour obtenir un état de classement général que l'administration bien autrement vigoureuse du précédent gouvernement n'avait pu obtenir ; cependant, parcequ'une bonne mesure doit éprouver des résistances dans l'incurie des administrateurs, ce n'est pas une raison suffisante pour y renoncer.

Cet objet a paru si important à la chambre, qu'il a été l'objet d'un amendement spécial de M. Gillet, sur l'art. 1er de la loi, qui, pour ce classement accordait le délai d'une année. Cet amendement n'a été repoussé que parceque le ministre de l'intérieur a dit que cet état général de classement était prescrit déjà par la loi du 9 ventôse an XIII, ce qui n'est pas vrai ; et parcequ'il était du devoir de l'administration de faire exécuter les lois, ce qui est incontestable.

Cette observation a fait écarter l'amendement, et cependant l'engagement pris n'est pas rempli ; et si l'on s'en plaint, le ministre répondra que la loi ne le prescrit pas.

Ceci prouve que les chambres ne doivent

pas s'en rapporter aux déclarations des ministres, sur les objets les plus légers, comme sur les plus importants.

396. Quoi qu'il en soit du silence du ministre à ce sujet, les préfets feront bien d'user de la latitude qui leur est laissée à cet égard, par la disposition finale de la circulaire du mois d'octobre, pour faire rédiger des états de classement : leur droit à cet égard est incontestable, seulement ils sont tenus de consulter préalablement les conseils municipaux.

Le classement est une mesure de première nécessité, puisque, d'après la jurisprudence du conseil d'état, sans lui on ne peut punir les délinquants par voie administrative, ni empêcher la prescription de la voie publique ; le caractère d'imprescriptibilité n'étant attaché qu'à l'acte de la puissance publique, qui fait sortir les chemins de la classe des propriétés ordinaires (1).

Cette mission des préfets est bien plus importante pour la chose publique, que celle de fixer eux-mêmes les anciennes limites, ce qui expose les communes à des procès devant les tribunaux ; ou d'en établir de nouvelles, ce qui

(1) M. le président Henrion de Pansey, chap. 44 de la *Compétence des Juges de paix*, ne dit rien de contraire à cette opinion. Voyez ci-après.

36

ne peut se faire sans le concours des conseils municipaux, et sans imposer aux communes des charges qu'aujourd'hui elles peuvent refuser de supporter.

397. Les préfets ont le droit de requérir le classement de toutes les communications vicinales et de veiller à ce qu'on n'en omette aucune, parceque, s'il n'est pas dans leur droit d'imposer les communes, il est dans leur devoir, comme chargés d'une partie de la tutelle publique, de veiller à ce qu'elles observent la loi, et remplissent les obligations qu'elle leur impose.

Le législateur a senti que les administrateurs des communes, par l'ignorance des inconvénients qui résultent du défaut de classement, ou par négligence, par connivence, ou même pour ne pas grever les communes d'un entretien trop dispendieux, pourraient opposer de la résistance, et alors, tout en respectant l'indépendance des communes, en leur laissant l'initiative de ce qui est bon et juste, et le choix du mode d'imposition, il n'a pas dû cependant les abandonner à elles-mêmes, et les laisser exposées aux envahissements.

Il le pouvait d'autant moins, que les communications vicinales n'intéressent pas seulement les communes; mais qu'il importe au pays, au département, à la France tout entière, qu'elles soient tenues en bon état de viabilité.

Ayant prouvé que toutes les communications vicinales qui ne sont pas propriétés privées sont du domaine communal, et que, par leur destination de fait, elles sont du domaine public, les préfets doivent exiger que toutes les communications de ce genre soient comprises dans l'état de classement, quelque chose qui soit allégué sur leur peu d'utilité, sauf à proposer plus tard la suppression s'il y a lieu.

Tout acte de faiblesse à cet égard serait préjudiciable à la chose publique.

398. La circulaire du mois d'octobre 1824 semble admettre le contraire dans le passage suivant :

« La disposition (de l'art. 1ᵉʳ de la loi) ne con» sacre pas l'obligation des communes (quant » à l'entretien) , mais la borne aux seules com» munications qui sont d'une utilité générale » pour les habitants d'une ou plusieurs commu» nes; ne l'étend point aux chemins qui ne ser» viraient qu'à un petit nombre d'individus, ni » aux simples sentiers, ni aux servitudes acqui» ses au public sur des propriétés particu» lières. »

36.

Nous avons déjà, en traitant de la propriété, réfuté la distinction que l'on fait entre les chemins publics, selon qu'ils servent au grand ou au petit nombre des habitants. Nous avons fait voir qu'elle est contraire au texte et à l'esprit de la loi; que la faculté de supprimer les chemins inutiles répond à toutes les objections.

Relativement au classement, la distinction ministérielle est plus funeste encore; car tant que le chemin ou sentier conserve sa destination publique, il a besoin de la protection de la loi; c'est un point de jurisprudence au conseil d'état (M. de Cormenin, prolégomènes des *Questions de droit administratif*, verbo *Chemins vicinaux*, nº 4), que les contraventions par anticipation ou empiètement de la part des riverains, ne peuvent être réprimées administrativement par le conseil de préfecture, que quand le chemin a été classé. (Arrêts du conseil des 17 juin 1818, 23 juin, 1ᵉʳ novembre et 29 décembre 1819, 1ᵉʳ novembre 1820, 18 mars 1821, 21 mai 1823.)

Autrement on serait obligé de s'adresser aux tribunaux, pour connaître des délits d'anticipation commis sur un chemin non encore déclaré vicinal; ce qui entraînerait des longueurs, à cause des formalités que doivent remplir les communes pour plaider, et des frais considérables.

D'un autre côté, ces chemins ne jouiraient pas du privilége de l'imprescriptibilité. Dès lors ne pas les classer, serait pour ainsi dire les abandonner au premier occupant; mieux vaudrait les supprimer; car au moins alors on toucherait le prix de la vente.

Il est étonnant que ces considérations aient échappé à l'administration supérieure, dont le devoir est de veiller plus particulièrement sur la conservation des propriétés publiques.

399. Si on ne comprenait pas tous les chemins dans l'état de classement, qui les entretiendrait? Les riverains n'en sont pas tenus, c'est un point bien démontré. Légalement inconnus aux préfets, ceux-ci ne pourraient pas en admettre la dépense au budget communal. Ils tomberaient dans un état complet de dégradation; inutiles pour les communications vicinales, ce serait des terrains précieux enlevés à l'agriculture; où les riverains s'en empareraient.

Si ces chemins n'exigent pas de réparation, parcequ'ils sont peu fréquentés, pourquoi ne pas les porter sur l'état de classement? le budget n'en sera pas surchargé; mais la propriété publique sera conservée.

Toute omission de classement nous paraî-

trait une véritable fraude à la loi, qui ne reconnaît pas de chemins semi-publics.

Pourrait-on, dans une ville, se dispenser de
porter sur le plan général soumis à la sanction
du gouvernement les rues peu fréquentées,
sous prétexte que la commune n'en vote pas
l'entretien? évidemment non; ici la raison de
décider est la même.

Si le chemin que l'on se propose de ne pas
classer dans une commune, parcequ'il n'est pas
fréquenté, intéresse une autre commune, celle-
ci a certainement le droit de le faire porter sur
le tableau des chemins publics, et le préfet,
chargé, par l'art. 10 de la nouvelle loi, de statuer
comme arbitre, ne saurait s'y refuser.

400. Tout se réunit donc pour démontrer le
peu de fondement et l'illégalité de la distinction
qu'on a faite entre les sentiers ou chemins peu
fréquentés, et les autres.

Tous les chemins publics qui conservent
cette destination sont par cela seul réputés
nécessaires : s'ils ne le sont pas, supprimez-les;
ou bien traitez de gré à gré avec les riverains,
pour les convertir en chemins de servitude;
mais ayez soin de stipuler que l'entretien de-
meurera à la charge des propriétaires auxquels
vous en ferez la cession.

M. Garnier, n° 45 de son *Traité des che-mins*, dit « que tant que les chemins n'ont pas » été déclarés vicinaux dans la forme prescrite, » ils doivent être considérés non comme pro-» priété consacrée à un usage public, mais » comme une propriété ordinaire, apparte-» nante à une commune ou à des particuliers. »

Il fait ici abstraction de la destination du chemin ; si le terrain non classé était produc-tif pour la commune, nous admettrions sa dis-tinction, mais comme ici la destination fait tout, la distinction doit être rejetée comme dangereuse.

Tout ce qu'on peut conclure du défaut de classement, c'est que l'action administrative n'est pas ouverte ; et comme il importe, comme il est dans la volonté du législateur qu'elle le soit, il faut écarter tout moyen d'éluder la loi.

Que sous l'empire de la loi de 1805, l'ad-ministration publique, c'est-à-dire le préfet, ait eu une sorte de pouvoir discrétionnaire pour classer ou ne pas classer, cela est possible ; le préfet avait alors un pouvoir bien plus étendu qu'aujourd'hui : maintenant qu'il est dépouillé du droit de rien changer à la consistance des chemins, ainsi que nous le prouverons dans le chapitre suivant, son devoir consiste à veiller à

ce que les corps municipaux exécutent la loi
dans toute son étendue , et dans son véritable
esprit.

401. Les préfets peuvent-ils seuls déclarer
vicinal un chemin que l'on prétend être grande
route? M. Garnier a soutenu l'affirmative de cette
question, dans son *Traité des chemins*, n° 150,
à cause de la latitude qui leur était accordée
par la loi de 1805 : même alors, elle était susceptible d'être combattue comme trop absolue;
car s'il leur appartenait de reconnaître la propriété publique, il n'était pas de leur ressort de
mettre à la charge de l'état, ni même d'un
département les chemins vicinaux, en les élevant au rang de routes royales ou départementales, *et vice versa*, d'enlever à l'administration publique les chemins de son ressort, pour les
mettre à la charge des communes; il fallait un
acte de gouvernement. M. Garnier argumente de
ce qui se pratiquait à l'égard des rivières navigables ou flottables; mais cet exemple était contre
son opinion; car il est constant, en droit public, que le gouvernement a seul droit de déclarer navigable une rivière qui n'est pas navigable de son fond.

402. Les préfets pouvaient-ils déclarer si tel
chemin était vicinal ou sentier privé? M. Garnier

(*Traité des chemins*, n° 151) soutenait aussi l'affirmative de cette question. Mais d'abord en ce qui concerne la question de propriété, il est évident que le préfet ne pouvait seul la décider, et que les tribunaux au contraire devaient en connaître. Les arrêts du conseil par lui invoqués (ceux des 4 et 24 mars, et 2 juin 1819, 19 mars et 11 février 1820, et 18 juillet 1821), loin d'être contraires à notre opinion, la confirment, et M. Garnier lui-même, s'est rendu à cette doctrine dans les autres parties de son ouvrage.

La question devait être posée ainsi? « Les » préfets ont-ils le droit d'ouvrir seuls de nou- » veaux chemins ou d'élargir les anciens ? »

Alors la solution devait être affirmative dans le droit créé par l'art. 6 de la loi de 1805; mais aujourd'hui elle sera négative, ainsi que nous le prouverons bientôt. Même alors, le préfet ne devait rien faire sans avoir consulté le conseil municipal et rempli les formalités prescrites par l'instruction du 7 prairial an 13, et il y avait recours de l'arrêté du préfet au ministre; mais ce n'était pas une disposition législative. Aujourd'hui le législateur en fait une condition expresse.

§ 2. État des servitudes publiques.

403. On ne peut pas considérer les chemins privés grevés de servitudes publiques comme susceptibles de *classement* proprement dit ; car ces chemins ne sortent pas du commerce ; ils n'appartiennent pas au domaine public.

Chaque servitude de cette espèce est régie par des règles spéciales, conformément aux titres qui les ont établies au profit des communes, ou aux possessions qui les ont légitimées dans les pays où la simple possession était admise.

Néanmoins l'utilité du classement de ces servitudes est évidente ; d'abord parcequ'il importe aux communes de savoir ce qui est de leur domaine, et aux préfets, tuteurs des communes, de veiller pour elles à ce qu'elles ne perdent pas les droits dont elles sont investies.

Les préfets peuvent donc ordonner d'en dresser l'état, et déterminer l'étendue ; ils ne doivent pas s'attendre à cet égard à aucune résistance fondée.

En second lieu, cet état est nécessaire pour la conservation des droits des communes. Les propriétaires, débiteurs de ces servitudes, ayant intérêt à s'en affranchir, et l'intérêt particulier étant toujours plus vigilant que l'intérêt collec

.tif, il importe de faire constater l'existence de la servitude et son étendue, et d'appeler les détenteurs des héritages servants, à les reconnaître, et à fournir titre nouvel tous les trente ans.

Cela est d'autant plus nécessaire que les servitudes établies par la simple possession sont toujours précaires et contestables; et que depuis le Code civil elles ne peuvent être réclamées sans titre;

Enfin, c'est un principe incontestable que l'entretien des chemins de servitude est à la charge des communes, et non des héritages servants, à moins qu'il n'y ait dérogation par titre.

Ainsi les communes ayant à fournir à l'entretien des chemins, doivent les porter dans leur état de classement; autrement la dépense ne pourrait figurer régulièrement en leur budget, et le préfet ne saurait que penser du vote de ces dépenses qu'il ne saurait autoriser.

Si ces chemins de servitude sont nécessaires à la vicinalité, on fera bien de les élever tout-à-fait au rang de chemins vicinaux, en indemnisant les propriétaires. L'indemnité sera légère; car quelle peut être la valeur d'un terrain grevé d'une servitude de passage? Cela vaudra mieux que de prendre des terrains cultivés pour faire de nouveaux chemins.

Si ces chemins de servitude étaient inutiles, ou d'un entretien dispendieux, les communes pourraient en voter la suppression, ou en offrir le rachat aux propriétaires des héritages servants, avec indemnité.

Dans tous ces cas, il est utile, il est indispensable, que ces communes figurent par appendice, dans l'état des chemins publics.

Dans le cas où il existerait des communications de cette nature ou servitudes de passage, dans l'intérieur des bourgs et des villages, la même raison d'utilité doit engager à prendre les mêmes mesures, soit dans les plans généraux d'alignement, soit dans les états de classement.

SECTION II.

DES PLANS GÉNÉRAUX DES VILLES.

404. On a vu dans la partie historique, n° 55, que par édit de 1607, confirmé en 1693, les alignements dans les rues étaient donnés par l'autorité administrative.

Mais ces dispositions laissant au pouvoir des administrateurs inférieurs une latitude d'arbitraire souvent redoutable aux propriétaires, dont

les droits sont sans force, devant l'autorité supérieure, contre les ordres du magistrat local,
parceque cette autorité est obligée de s'en
rapporter à lui sur le point de fait, et ne peut
que rarement ordonner des enquêtes, il a paru
au législateur nécessaire de généraliser les alignements.

L'art. 52 de la loi du 16 septembre 1807,
est ainsi conçu :

« Dans les villes, les alignements pour l'ouver-
» ture des nouvelles rues, pour l'élargissement
» des anciennes qui ne font point partie d'une
» grande route, ou pour tout autre objet d'u-
» tilité publique, seront donnés par les maires,
» *conformément au plan* dont les projets au-
» ront été adressés aux préfets, transmis avec
» leur avis au ministre de l'intérieur, et arrêtés
» en conseil d'état.

» En cas de réclamations de tiers intéressés
» il sera de même statué en conseil d'état, sur
» le rapport du ministre de l'intérieur.»

Un décret du 22 juillet 1808, non inséré au
Bulletin des lois, mais notifié officiellement
aux maires des villes, en prescrit l'exécution ;
jusqu'à leur confection, il veut que les alignements soient donnés par les maires, sous l'approbation des préfets.

Le délai de deux années, accordé par ce décret, étant expiré, on pouvait contester aux maires le droit de donner les alignements. Il a été prorogé jusqu'au 1er mai 1818, par une décision royale du 29 février 1816, ainsi conçue :

« Les maires des villes, susceptibles de l'ap-
» plication de l'art. 52 de la loi du 16 septembre
» 1807, et dont les plans généraux d'aligne-
» ment n'ont pas encore été arrêtés en conseil
» d'état, peuvent, en cas d'urgence et jusqu'au
» 1er mars 1818, donner des alignements par-
» tiels, pour les constructions à faire dans les rues
» qui ne dépendent pas de la grande voirie des
» ponts et chaussées, après avoir pris l'avis des
» architectes voyers, et sous l'approbation des
» préfets.

» En cas de réclamation contre ces aligne-
» ments particuliers, il sera statué en conseil
» d'état sur le rapport de notre ministre de l'in-
» térieur. »

Une nouvelle décision royale du 18 mars 1818 a prorogé le délai jusqu'au 1er mai 1819 (1).

405. Depuis que ce délai est expiré, les maires ont-ils perdu le droit de donner des alignements, dans les villes dont les plans généraux

_____

(1) Davenne, *Recueil des réglements de la voirie.*

ne sont pas encore arrêtés? C'est un point très important, que nous examinerons en parlant des alignements ordinaires.

Mais à l'égard des villes dont les plans sont arrêtés, l'autorité des maires se borne à faire exécuter ces plans d'alignement. C'est un point très important à retenir, parceque souvent il arrive que les maires des villes se permettent d'obliger les propriétaires à reculer, tandis qu'ils ne peuvent que surveiller l'état de construction.

La formation des plans généraux d'alignement a éprouvé dans l'origine des obstacles, relativement au mode d'exécution. Voici l'instruction qui sert aujourd'hui de règle, pour cette opération délicate.

406. Elle est du 21 octobre 1815, et elle émane du ministre de l'intérieur (1).

ART. 1er. « Les plans des villes, qui restent à » lever ou à rapporter, seront à deux échelles » différentes, savoir : les plans généraux à un » demi-millimètre pour mètre ; et les plans de » division, à deux millimètres pour mètre.

2. » Les plans généraux contiendront le tracé » des rues, places, etc. , en lignes noires ; les mas- » ses des édifices publics, les boulevards, cours

(1) *Davenne*, ouvrage cité, p. 65.

» et promenades, avenues, plantation, les cours
» d'eau apparents, seront lavés en couleur d'eau ;
» ceux des eaux couvertes, pénétrées à lavis
» plus pâle. Aux bordures des voies publiques,
» on lavera en gris, ce qui est bâti, et en cou-
» leur de terre ou bistre léger, ce qui ne l'est
» pas ; on indiquera les clôtures en murs, palis-
» sades et haies.

 » Autant que possible, les plans généraux se-
» ront en une seule feuille, pliée quand le besoin
» l'exigera, et placée en tête de l'atlas des plans
» de division.

 » Le nord sera au haut du plan général, et in-
» diqué par une boussole linéaire.

 3. » Les plans de division par îles, entourées
» de rues, quais, cours d'eau, etc., seront à
» l'échelle de deux millimètres par mètre ; ils
» formeront un atlas, dont chaque feuille aura
» un mètre de long sur soixante-cinq centimètres
» de hauteur, pliée en deux, de manière à en
» bien développer les plis. Les propriétés auront
» leurs faces actuelles sur les voies publiques
» tracées en lignes noires, ainsi que les faces
» des édifices publics ; les faces seront lavées en
» gris, pour ce qui est bâti, et en couleur pour
» ce qui ne l'est pas ; les eaux, clôtures, plan-
» tations, comme il vient d'être dit. On indi-

» quera à ces faces les séparations respectives
» des propriétés; chaque division aura un liséré
» en couleur ou une ligne ponctuée , dont le
» pourtour se répétera au plan général. Il y
» aura à l'un et à l'autre plan un numéro corres-
» pondant à chaque feuille divisionnaire. Les
» plans de division auront toujours, comme le
» plan général , le nord placé dans la marge
» supérieure , et la direction de ce point à l'ho-
» rizon sera retracée par une flèche.

4. » Sur l'un et l'autre plan , on inscrira les
» noms des rues , places , etc. , ceux des édifices
» publics , des rivières , cours ou promenades ;
» et sur chaque plan de division, on placera, par
» rue , place et quai , une série de numéros ,
» sur chaque division de propriétés , en mettant
» des numéros pairs à droite , et des impairs cor-
» respondants à gauche , à partir du centre de
» la ville.

5. » Les alignements proposés seront tracés
» en lignes rouges. Ce dont on avancera sera lavé
» en rouge pâle , et ce dont on reculera en jaune.
» Les projets généraux de percements et d'em-
» bellissements seront ponctués en rouge ; on
» sera très circonspect sur les avancements , en
» ne visant pas à un parallélisme, bon en rues
» nouvelles , inutile souvent dans les rues an-

» ciennes, où il ne s'agit que de redressements
» partiels : ces avances sont très nuisibles, quand
» l'un bâtit avant l'autre.

6. » Il sera proposé des noms aux rues,
» places, etc., qui n'en ont pas. Le ministre y
» statuera.

7. » En tête du volume sera l'état des rues
» et autres voies publiques, avec le procès-verbal
» du tracé des alignements, les largeurs pro-
» posées aux voies publiques : ces largeurs se-
» ront cotées en rouge aux plans de détail.

8. » A la fin du volume sera un autre état
» desdites rues, etc., avec colonnes compre-
» nant les numéros des propriétés, les noms
» propres des propriétaires, et la nature de
» chaque propriété ; cela suffit, vu les fréquentes
» mutations qui y surviennent.

» On suivra pour ces états la marche des sub-
» divisions du plan général.

9. » Dans le cas où les alignements proposés
» seraient contestés, les variantes seront tracées
» en lignes bleues, et au bas du plan d'ensem-
» ble, ou même de chaque feuille s'il est néces-
» saire, on fera connaître à l'opinion de qui se
» rapporte le tracé rouge ou bleu.

10. » Les préfets feront vérifier les plans gé-
» néraux et de détail, et les feront rectifier s'ils

» se trouvent inexacts. Les ingénieurs, archi-
» tectes ou géomètres qui auront été chargés de
» les lever et rapporter, seront invités à joindre,
» autant que possible, à l'atlas précité un tracé
» des polygones, et autres lignes principales,
» qui forment le fond de leur plan, avec les ou-
» vertures d'angles, et centre des longueurs de
» bases. »

11. » On distinguera, dans les états de rues,
» celles qui sont des grandes routes traversant
» la ville.

12. » La direction générale des ponts et chaus-
» sées proposera en même temps les alignements
» de ce qui est grande route traversant la ville,
» ou qui doivent se raccorder aux autres voies
» publiques, afin de pouvoir provoquer en même
» temps une décision sur le tout, et rendre ainsi
» l'ensemble des alignements simultanément
» exécutoire.

13. » On indiquera et détaillera, dans toute
» leur épaisseur, les murs de face des édifices
» publics, leur entrée principale donnant sur
» les rues, places, quais, etc., ainsi que les fon-
» taines publiques et puits banaux. Dans le cas
» où il y aurait impossibilité absolue de donner
» les détails des murs de face des édifices pu-
» blics, on les distinguera par une teinte grise,

37.

» plus forte que celle des édifices particuliers.

14. » Les plans devront toujours être signés » par leurs auteurs, et certifiés véritables par » les autorités locales et départementales. »

La circulaire d'envoi de cette instruction demande trois copies du plan ; mais, pour épargner aux villes la dépense, le ministre n'en exige que deux : l'original reste annexé à la minute de l'ordonnance royale d'approbation dans les archives du ministère où il peut être consulté ; la copie est renvoyée au maire, certifiée conforme à l'ordonnance.

407. Avant de dresser ces plans généraux, les propriétaires doivent être avertis, comme lorsqu'il s'agit de rues nouvelles. Nous traiterons de ces formalités dans le chapitre suivant : seulement nous observons ici que d'après la loi de 1807 et les décrets d'exécution, les propriétaires ont le droit de faire valoir leurs réclamations devant le comité de l'intérieur du conseil d'état, par le ministère d'un avocat aux conseils, d'y prendre communication des pièces, et de contester l'utilité du plan, en ce qui concerne le préjudice qui pourrait en résulter pour eux.

Si les observations des propriétaires n'avaient trait qu'à l'intérêt public, elles ne seraient pas contentieuses ; elles ne pourraient être présentées par le ministère d'un avocat, et ne seraient regardées que comme renseignement. Il n'y aurait donc pas nécessité de vérifier le plan.

Si les formalités préalables de publicité n'avaient pas été remplies, l'ordonnance royale d'approbation pourrait être frappée d'opposition par le ministère d'un avocat de la part de toute partie intéressée ; la loi y est formelle parceque l'autorité n'aurait pas fait son devoir, ce ne pourrait être une fin de non recevoir à opposer aux réclamants.

Les ordonnances de propre mouvement sont toujours censées rédigées avec la clause, *sauf le droit d'autrui*, comme avant la révolution. Mais cette opposition devrait être formée devant le ministre de l'intérieur, et non au comité du contentieux du conseil d'état ; car la question d'utilité publique a toujours, dans ces matières, la priorité, d'autant plus que le propriétaire dépossédé conserve son droit à l'indemnité.

C'est l'opinion de M. de Cormenin, (*Prolégomènes des questions de droit administratif*, V° grande voirie, p. 219, note 4). « Les particuliers, dit-il, n'ont pas qualité pour former opposition *par la voie contentieuse*, contre les décrets ou ordonnances pris sous la forme

» de règlements d'administration publique, qui
» ont prescrit la cession de maisons ou terrains
. » pour cause d'utilité publique, ou tracé le plan
» général des alignements de rues ou routes. »
(Arrêt du conseil, du 4 juin 1823.)

408. Bien qu'il soit aujourd'hui de jurisprudence que la voie publique de Paris dépend de la
grande et non de la petite voirie, jurisprudence que nous examinerons ailleurs, cependant il a été décidé que pour les plans généraux elle serait soumise à l'application de la loi
du 16 septembre 1807.

Un arrêté du directoire, du 13 germinal
an v (1), avait chargé le ministre de l'intérieur
du soin de régler les alignements de cette capitale, et par conséquent avait ôté ce droit
aux autorités locales.

Déjà les projets d'alignement étaient soumis
au ministre, et successivement approuvés.

La loi du 16 septembre 1807, étant intervenue, il s'est agi de savoir si la loi était applicable.

Cette question a été résolue affirmativement
par un avis du conseil d'état du 3 septembre

(1) Cet arrêté, dont M. Davenne nous révèle l'existence,
p. 258 de son Recueil, n'est pas au *Bulletin des lois*, ni
même au *Recueil officiel des actes du directoire exécutif.*

1811, inséré au *Bulletin des lois.* Cet avis, dont les dispositions ont été généralisées, est ainsi conçu :

«Considérant que, conformément à l'art. 52 » de la loi du 16 septembre 1807, le conseil de » sa majesté ne peut autoriser des acquisitions » pour l'ouverture des nouvelles rues, pour l'é- » largissement des anciennes, ou pour tout autre » objet d'utilité publique, que pour les commu- » nes dont *les projets auront été arrêtés au con- » seil d'état,*

» Le CONSEIL est d'avis : 1° que le ministre » de l'intérieur soit invité, avant de propo- » ser à sa majesté un projet d'acquisition de » maisons ou terrains nécessaires à l'embellis- » sement ou à l'utilité, soit de la ville de Paris, » soit de toute *autre ville ou commune* du » royaume, à faire précéder cette demande, soit » du plan des alignements déjà arrêtés légale- » ment, s'il y a lieu, soit d'un projet du plan » d'alignement, pour ledit plan être arrêté en con- » seil d'état, en exécution de l'art. 52 de la loi » du 16 septembre 1807 ; 2° que pour la ville de » Paris *spécialement*, il est important de mettre » de la régularité dans les alignements qui sont » quelquefois donnés maison par maison et sans » système général ; et qu'à cet effet, le préfet du

» département de la Seine, dans les attributions
» duquel est ce travail, doit faire présenter, dans
» le plus court délai, au ministre de l'intérieur
» le plan des alignements, et autant qu'il se
» pourra des nivellements pour la ville de Paris;
» et que pour faire jouir plus tôt les habitants des
» avantages et de la sécurité qui en résulteront,
» ce plan soit présenté successivement et par
» quartier, quand la chose sera possible, pour,
» sur le rapport du ministre de l'intérieur,
» y être statué par Sa Majesté aux termes
» dudit art. 52. »

En conséquence de cet avis, qui a placé
Paris dans le droit commun, le ministre de
l'intérieur a délégué au préfet le soin de faire
dresser les plans et de proposer les projets. Il
est aujourd'hui statué, sur les plans partiels de
cette immense cité, dans les mêmes formes
que pour les plans d'alignement des villes. (1).

409. Aucune loi n'avait déterminé ce qu'il fallait entendre par *villes*, ni par conséquent à quoi
s'applique l'art. 52 de la loi du 16 septembre
1807.

Une circulaire ministérielle du 17 août 1813,
porte que la disposition est applicable aux

(1) Davenne, p. 260.

communes qui comptent deux mille individus de population agglomérée.

Une circulaire n'est pas une loi sans doute, mais c'est encore une maxime de notre droit public que le roi est le *grand voyer* de son royaume; qu'il peut, par des actes de son gouvernement, régler ce que les administra- teurs secondaires ont le droit de faire d'a- près une délégation expresse du pouvoir exé- cutif. C'est d'ailleurs une garantie de plus; et personne ne peut s'en plaindre.

SECTION III.

DES ALIGNEMENTS.

409. L'opération administrative qu'on appelle alignement a pour objet de protéger la voie publique contre les empiètements des riverains, et de fixer les limites respectives : elle répond au bornage. A la vérité cet abornement est donné d'office par l'autorité administrative; le pouvoir judiciaire n'en connaît pas.

A notre avis, c'est un inconvénient; mais il est racheté par l'utilité dont il est pour la conser- vation de la chose publique, et même pour les propriétaires, qui, s'ils n'étaient pas soumis à prendre l'alignement avant de construire, seraient exposés fréquemment à être obligés de détruire leurs constructions, chose toujours fâcheuse, et qui entraînerait, entre les communes et les propriétaires, des procès nombreux et onéreux pour toutes les parties.

§ 1. Des alignements de grande voirie.

410. L'utilité d'une déclaration préalable des limites par voie d'alignement a paru si grande, qu'elle a été prescrite par la loi, pour toutes les grandes routes, afin de rendre les anticipations plus reconnaissables, et d'arriver à un mode de répression plus rapide. Cet alignement est exigé même pour les parties de routes qui ne sont pas bâties.

« Le roi, ayant été informé, dit le préam- »bule de l'arrêt du conseil du 26 mai 1705, que »lorsqu'en exécution des ordres de sa ma- »jesté, les commissaires (pour ce départis) font »faire de nouveaux ouvrages de pavé dans les »grands chemins, ou lorsqu'ils font réparer ceux »qui ont été ci-devant faits, les entrepreneurs »desdits ouvrages sont tous les jours troublés »par les propriétaires des héritages riverains »desdits chemins lorsque, pour redresser »les chemins, lesdits entrepreneurs se met-

» tent en état de passer dessus leurs terres,
» ce qui fait qu'il y a quantité de chemins qui,
» au lieu d'être d'un droit alignement, comme
» ils auraient dû l'être, ont été faits avec des si-
» nuosités fort préjudiciables aux intérêts de sa
» majesté, par la plus grande dépense qu'il peut
» faire, pour les construire et pour les entretenir,
» et à la commodité publique, en ce que les-
» dits chemins en sont beaucoup plus longs. »

En conséquence S. M. a ordonné que les
chemins seront conduits du *plus droit* alignement que faire se pourra, par les commissaires à ce préposés; « qu'à cet effet, il sera
» passé sans aucune distinction au travers des
» terres des particuliers, auxquels, pour leur dé-
» dommagement, sera délaissé le terrain des an-
» ciens chemins qui seront abandonnés, et en
» cas que le terrain desdits anciens chemins ne se
» trouve pas contigu aux héritages des particu-
» liers sur lesquels ces nouveaux chemins pas-
» seront, ou que la portion de leurs héritages qui
» resterait fût trop peu considérable pour être ex-
» ploitée séparément, S. M. veut que les particu-
» liers dont les héritages seront contigus tant aux
» anciens chemins qui auront été abandonnés
» qu'aux portions des héritages qui se trouve-
» raient coupées par le nouveau chemin soient

38.

» tenus du dédommagement de ceux sur lesquels
» les nouveaux chemins passeront, suivant l'es-
» timation qui sera faite par lesdits commis-
» saires. »

411. Dans ce règlement l'alignement n'est pas
seulement un bornage, ou un moyen de préserver la voie publique d'empiètement; c'est un
mode spécial d'expropriation.

Il en est de même du règlement confirmatif
du 17 juin 1721. Une ordonnance du bureau
des finances de la généralité de Paris, du
29 mars 1754, par son art. 4, s'explique aussi
d'une autre manière sur les alignements.

« Faisons défenses à tous habitants, proprié-
» taires, locataires, ou autres ayant maisons
» ou héritages le long des rues, *grandes routes*
» et autres chemins, de construire ou de recon-
» struire, soit en entier, soit en partie, aucuns
» bâtiments sans en avoir *pris alignement*, ni
» de poser échoppes, ou choses saillantes, sans
» en avoir obtenu la permission : lesquels aligne-
» ments et permissions seront donnés, tant
» dans les parties de la banlieue qui sont hors
» des limites fixées par les art. 4 et 6 des dé-
» clarations des 18 juillet 1724 et 29 janvier
» 1726, que dans les autres chemins de la géné-
» ralité, par ceux des commissaires du pavé de

» Paris, et des ponts et chaussées, chacun en
» leur département ,... conformément aux plans
» levés et arrêtés, et déposés au greffe du bu-
» reau, ou qui le seront dans la suite; et les-
» dits alignements seront donnés sans frais, ainsi
» qu'il s'est toujours pratiqué : à peine contre
» les contrevenants de 300 liv. d'amende, de
» démolition des ouvrages faits, et de confis-
» cation des matériaux; et contre les maçons,
» charpentiers et ouvriers, de pareille amende,
» et même de plus grande peine en cas de ré-
» cidive. »

412. Ce règlement a été homologué par l'autorité législative et royale, dans un arrêt du
conseil du 27 février 1765.

« Le roi ordonne que, conformément à ce
» qui se pratique au bureau des finances de la
» généralité de Paris, dont S. M. a confirmé et
» confirme l'ordonnance du 29 mars 1754,
» art. 4 et 12, les alignements pour construc-
» tions et reconstructions des maisons, édifices,
» ou bâtiments généralement quelconques, en
» tout ou en partie, étant le long et joignant
» les routes construites par ses ordres, soit dans
» les traverses des villes, bourgs et villages, soit
» *en pleine campagne*, ainsi que les permissions
» pour toute espèce d'ouvrage aux frais des-

» dites maisons, etc... sous les peines spécifiées
» ci-dessus... »

Cette ordonnance, parlant de démolition,
supposait le cas où le propriétaire qui n'a pas
pris l'alignement a usurpé sur la voie publique,
dans lequel cas il est juste qu'il soit condamné
à démolir; mais les pénalités lui seraient-elles
applicables, par cela seul qu'il n'aurait pas
pris l'alignement? C'est ce qui ne résulte aucu-
nement du texte de la loi (1), et ce qui ne peut
être suppléé.

413. La loi du 28 février 1805, dans son
art. 5, parle des alignements, mais seulement à
l'égard de la distance des arbres. La loi du 16
septembre 1807, art. 50, défend aux propriétaires de maisons situées en partie dans l'alignement de les réconforter ou reconstruire : la violation de cette défense entraîne démolition. Mais
toutes les fois que la reconstruction a eu lieu

(1) En voici le texte : « Fait S. M. défense à tous parti-
» culiers propriétaires ou autres, de construire, recon-
» struire ou réparer aucun édifice, poser échoppes ou choses
» *saillantes* le long desdites routes, sans en avoir obtenu les
» alignements ou permission desdits trésoriers de France...
» à peine de *démolition* desdits ouvrages, confiscation des
» matériaux, et de 500 liv. d'amende ; et contre les maçons,
» charpentiers et ouvriers, de pareille amende, et même de
» *plus grande peine*, en cas de récidive. »

hors de l'alignement, toutes les fois qu'il n'y a pas
saillie, on ne peut être tenu par un alignement
postérieur de démolir. Les décrets réglémen-
taires du 16 décembre 1811 et du 10 avril 1812,
cités par M. de Cormenin (1), non plus que
les lettres-patentes du 25 août 1784, n'en
parlent pas.

C'est cependant ce qui a été prononcé plusieurs fois, non à cause de l'usurpation, mais
comme pénalité. La première erreur de ce
genre a été commise par un décret du mois
d'avril 1811, rapporté par Sirey, *Jurisprudence
du conseil d'état*, tom. Iᵉʳ, pag. 524.

414. Un sieur Voisin avait une maison à Cre-
teil, département de la Seine; il demanda d'y
faire un ravalement; le sous-préfet, conformément à l'avis de l'ingénieur des ponts et chaussées, et par le motif que la rue sur laquelle était
située sa maison n'était pas assez large, donna
un nouvel alignement pour faire reculer. Voisin
n'en fit pas moins réparer son mur. Il fut
condamné, par le conseil de préfecture, à démolir, et à reculer la partie de sa maison en
dedans de l'alignement; l'entrepreneur fut condamné avec lui à 50 francs d'amende pour la

(1) Prolégomènes des *Questions de droit administratif*,
pag. ccxij.

contravention ; sur son recours au conseil d'état, intervint une décision qui rejeta sa requête, par le motif qu'il avait contrevenu aux lois et règlements sur la grande voirie.

On reconnut qu'il eût été trop rigoureux d'appliquer l'amende de 300 francs, qui est pourtant celle établie par la loi, et cependant on a prononcé la démolition. L'alignement n'avait été donné qu'après sa demande ; rien ne constate qu'on eût payé à ce propriélaire le prix de sa dépossession. Voisin eût mieux fait, sans doute, de contester l'alignement avant de construire ; mais peut-on soutenir que l'état avait acquis la possession du sol par le seul fait de l'alignement donné d'office après coup, et qu'ainsi Voisin avait réellement construit sur la voie publique ? Le décret ne s'explique pas clairement sur ce point, et on ne peut s'empêcher d'y reconnaître une atteinte au droit de propriété.

415. M. de Cormenin (*ubi supra*, pag. 222, art. 3) cite un arrêt du conseil du 29 août 1814, comme ayant consacré le principe que celui qui enfreint l'alignement est passible d'amende et de démolition. Cet arrêt n'existe pas dans les recueils.

20 novembre 1815, arrêt du conseil qui rejette la requête du sieur Chéradame, deman-

dant l'annulation d'un arrêt du conseil de préfecture de Lyon, par lequel il avait été condamné à démolir une maison par lui construite sur la traverse d'une route départementale, et à une amende de 3o francs. « Considé-
» rant, dit cet arrêt, qu'il est défendu à tout par-
» ticulier de construire, reconstruire ou réparer
» aucuns édifices, maisons ou bâtiments, étant
» le long et joignant les grandes routes, soit
» dans les traverses des villes, bourgs et vil-
» lages, soit en pleine campagne, *sans en avoir*
» *obtenu les alignements*, à peine de démolition
» des ouvrages et de l'amende. » (Sirey, *Juris-*
prudence du conseil d'état, t. III, p. 184.)

Ici l'erreur est évidente, puisqu'on ne dit pas que Chéradame eût appuyé sa maison sur le sol de la voie publique : or certainement le règlement de 1765, qui après tout n'est pas un acte de la puissance législative, puisqu'il n'a pas été enregistré au parlement, n'ordonne pas de prescrire la démolition, pour le seul fait de n'avoir pas demandé l'alignement.

416. Le 6 mars 1816, dans l'affaire Viardin, le conseil d'état, considérant que la contravention consistait moins dans la nature des travaux que dans le défaut d'autorisation de les exécuter, c'est-à-dire de l'alignement, prononça

l'amende de 100 fr. , mais rapporta la peine de
la démolition, mais pour cette fois, et sans tirer
à conséquence pour l'avenir. (Sirey , *ibid*,
pag. 247.)

Nous croyons qu'ici le conseil n'a fait que
rendre justice , et n'a point fait grâce ; le comité du contentieux n'a pas le droit de dispenser
de l'exécution des lois, ni de faire des grâces; il
est institué uniquement pour dire droit.

417. Une ordonnance ou arrêt du conseil du
25 février 1818 (Sirey, *ibid.* , tom. IV, p. 259)
a décidé contre le sieur Guet , qu'il démolirait
un perron par lui construit sans autorisation sur
une route royale , mais a modéré l'amende à
25 francs, motivé sur ce qu'il paraissait avoir été
autorisé par l'administration municipale. Cet arrêt constate en fait que le perron anticipe sur la
voie publique : sous ce rapport il n'y a rien à dire.

418. Une ordonnance du 17 juin 1818 nous
paraît avoir jugé conformément aux vrais principes, et devoir servir de règle. Un sieur Fumerey
avait demandé au préfet la permission de réédifier une maison dont il était propriétaire, le long
de la route de Paris à Bâle ; ayant appris que,
d'après l'alignement fixé par les ingénieurs des
ponts et chaussées, son bâtiment était en arrière
de quelques mètres, il construisit sans attendre

l'autorisation, bâtit de plus un mur de clôture sur le bord de l'alignement; condamné à démolir et à la confiscation des matériaux, il se pourvut au conseil d'état.

« Considérant, dit l'arrêt du conseil, que le » sieur Fumerey a demandé l'alignement né- » cessaire pour réédifier sa maison sur le bord » de la route royale de Paris à Bâle, dans la » traverse de Port-sur-Saône, et que cette mai- » son a été bâtie avant qu'il eût été répondu à » sa demande ;

» Considérant que, pour satisfaire au procès- » verbal de contravention, le préfet et le conseil » de préfecture étaient autorisés à prononcer les » peines qui avaient été encourues ; considé- » rant que la façade reconstruite se trouvant en » arrière de l'alignement, le sieur Fumerey » s'étant empressé d'élever un mur de clôture » sur ce même alignement, *il n'en résulte au-* » *cun préjudice pour la voie publique;*

» Considérant que les façades des maisons de » la traverse de Port-sur-Saône ne sont point » assujetties à un plan uniforme, et qu'il est libre » à tous les propriétaires d'y bâtir comme il » leur plaît, sous la seule condition de se con- » former à l'alignement ;

» Considérant néanmoins que Fumerey a con-

» trevenu aux règlements de voirie, en relevant la
» façade de sa maison avant d'avoir obtenu l'a-
» lignement qu'il avait sollicité ;

» Notre conseil d'état entendu , nous avons
» ordonné et ordonnons ce qui suit :

» Art. 1er. Les arrêtés du préfet et du conseil
» de préfecture sont annulés en ce qu'ils con-
» damnent Fumerey à la démolition de sa mai-
» son et à la confiscation des matériaux.

» 2. Ils sont confirmés en ce qu'ils le con-
» damnent aux frais résultants de la contraven-
» tion.

» 3. Le sieur Fumerey est condamné en ou-
» tre à trois cents francs d'amende pour avoir
» élevé une façade de maison sur la route de
» Paris à Bâle , avant d'avoir obtenu l'aligne-
» ment qu'il avait demandé. » (Sirey , *ibid.* ,
p. 373.)

419. Cette ordonnance contient la plus saine
interprétation de l'arrêt du conseil de 1765.
L'amende de trois cents francs est peut-être
forte, mais elle est autorisée par le règlement ;
quant à la démolition, elle ne devait pas être
prononcée, puisqu'il n'y avait pas eu anticipation sur la voie publique.

Une ordonnance a été rendue dans le même
sens le 8 septembre 1819 (Sirey, *ibid.*, p. 217),

affaire Pesas et consorts, pour constructions faites sur un quai de Rouen, dépendant de la grande voirie; l'amende a même été modérée à trente francs. Un arrêt du conseil, du 18 juillet 1821, affaire Gondard, paraît être en opposition avec celui du 17 juin 1818, puisque le contrevenant soutenait que le mur qu'il avait fait construire n'était pas latéral à la route, et se trouvait ainsi en dedans de l'alignement. (Voy. le *Recueil des arrêts du conseil* de Macarel, p. 213.) M. Garnier, qui défendait dans cette affaire, ainsi qu'il nous l'apprend (n° 69 de son *Traité des chemins*), soutint ce système, mais ne réussit pas.

420. Un autre arrêt du conseil, du 29 août 1821 (*Recueil* de Macarel p. 323), a décidé très nettement que les alignements ne pouvaient être donnés par les maires à l'égard des routes départementales, et que le contrevenant ne pouvait s'autoriser de leur permission pour échapper à la peine.

421. Le 8 mai 1822 un arrêt du conseil a réprimé une extension nouvelle donnée par le conseil de préfecture du Finistère au règlement de 1765 qui avait ordonné la démolition, non pas seulement de la partie de la maison réparée par un sieur Ruri, et formant saillie sur

une route départementale, mais de la maison tout entière.

Le sieur Ruri soutenait, comme le sieur Gondard, que le règlement de 1765 n'était applicable qu'aux murs de face, et non à ceux faisant retour, ce qui nous paraît incontestable; mais l'administration des ponts et chaussées répondait que ce mur faisait parement et vue sur la voie publique, et formait ainsi façade, et soutenait de plus que la défense de l'arrêt de 1765 était générale et sans exception.

Néanmoins le conseil n'ordonna pas la démolition, et modéra l'amende à deux cents francs. (*Recueil* de Macarel, p. 501.)

422. Un arrêt du conseil, du 4 février 1824, sur le pourvoi du sieur Legros (*Recueil* de Macarel, p. 86), a résolu la question dans le même sens que l'ordonnance du 17 juin 1818. Legros avait bâti, sans alignement, sur un terrain séparé de la grande route par un petit espace; l'ingénieur des ponts et chaussées crut qu'il devait demander l'alignement, dans tous les cas, et reporter le bâtiment sur la ligne de la grande route. Le conseil de préfecture avait déclaré la contravention, mais n'avait pas ordonné la démolition, reconnaissant que la construction ne nuisait pas à la route. Dans son

recours au conseil , Legros soutint que l'on avait donné de l'extension à l'arrêt du conseil de 1765. L'administration des ponts et chaussées soutint que le règlement avait pour objet, non seulement de préserver la voie publique , mais encore de lui donner les moyens de redresser les routes , d'empêcher des enfoncements nuisibles à la sûreté publique , et que dès lors on avait le droit de forcer à construire sur l'alignement. Ce système a été proscrit par l'arrêt du conseil. « Considérant, y est-il dit, que » Legros a construit en arrière de l'alignement, » ordonne la restitution de l'amende de trois » cents francs contre lui prononcée. »

Cet arrêt est, comme on voit, très remarquable ; il justifie pleinement la distinction que nous avons faite.

423. Ainsi qu'on l'a vu , ce sont aujourd'hui les préfets qui, sur l'avis des ingénieurs des ponts et chaussées , donnent ces alignements. Ils les donnent même quand l'héritage est borné par un chemin reconnu dépendant tout à la fois de la grande et de la petite voirie. Arrêt du conseil du 7 mars 1821. (*Recueil* de Macarel , p. 569.)

§ 2. Des alignements partiels dans les villes.

424. Un édit du mois de décembre 1607 a défendu, tant pour Paris que pour les autres *villes* du royaume, à tout particulier de faire aucun édifice, pan de mur, jambe étrière, encoignure, caves ni travail fermé, coude en saillie, siéges, barrières, contre-fenêtres, huis de caves, bornes, pas, marches, montoirs à cheval, auvents, enseignes, établis, cages de menuiserie, châssis à verre, *et autres avancès sur ladite voirie*, sans le congé et *alignement* du grand voyer, ou de ses commis. S'il se trouve que les ouvriers aient contrevenu aux alignements donnés, seront lesdits particuliers assignés devant le prevôt de Paris, ou son lieutenant, pour voir ordonner que la besogne *mal plantée* sera abattue, et condamnés *en toute amende que de raison*.

Cette loi, que l'on regarde comme toujours en vigueur, est modifiée quant à l'amende arbitraire qu'elle établit ; car, ainsi que l'a remarqué Merlin, au *Nouveau répertoire*, il ne peut plus y avoir de peines arbitraires.

425. On a invoqué aussi cet arrêt comme suffisant pour autoriser des démolitions, dans le cas où l'on n'aurait pas pris l'alignement ; cette opinion est erronée, comme celle qui s'est éta-

blie sur le règlement de 1765. L'édit de 1607 ordonne seulement d'abattre la besogne mal plantée, c'est-à-dire évidemment celle qui fait saillie sur la voie publique, et qui par conséquent dépasse l'alignement.

Une déclaration royale du 16 juin 1693, spéciale pour Paris, veut que les alignements soient donnés par les trésoriers de France, et fait défenses « à tous particuliers, maçons, et ou-» vriers, de faire démolir, construire ou réédifier » aucuns édifices ou bâtiments élever, aucuns » pans de bois, balcons, ou auvents cintrés, » établir travaux de maréchaux, poser pieux » ou barrières, étais ou étrésillons, sans avoir » pris les alignements et permission des tréso-» riers de France, à peine contre les contreve-» nants de 20 livres d'amende, pour lesquelles » permissions il sera payé, etc. »

Il semble résulter de ces dispositions que l'édit de 1693 n'est applicable qu'aux constructions faisant saillie.

426. Mais une autre déclaration du 10 avril 1783, également spéciale pour Paris, s'exprime, par son article 3, d'une manière plus explicite (1).

(1) Il résulte de cette déclaration et du décret du 27 octobre 1808, que, par exception au droit commun, les rues

« Faisons, dit cet article, expresses inhibi-
» tions et défenses, à tous propriétaires, archi-
» tectes, entrepreneurs, maçons, charpentiers,
» et autres, d'entreprendre ni de commencer
» aucune *construction* ou *reconstruction* quel-
» conque, de murs de face sur rue, sans au
» préalable avoir déposé au greffe de notre bu-
» reau des finances le plan desdites construc-
» tions et reconstructions, et avoir obtenu des
» officiers dudit bureau les alignements et per-
» missions nécessaires, lesquelles ne pourront
» être accordées qu'en conformité des plans par
» nous arrêtés. »

L'art 6 statue sur les maisons en saillie.

427. L'art. 3 ne spécifie aucune peine faute
d'avoir pris l'alignement. Celles de 3000 livres
d'amende, démolition et confiscation, prononcées contre les propriétaires, et celle de 1000
livres décrétée contre les maîtres maçons, ne
sont relatives qu'au cas où l'on a contrevenu à
l'alignement.

Au reste, les peines établies par ces règlements sont, ainsi que l'observe M. Mars (pré-
facé du *Corps du droit criminel* (1)), rem-

de Paris appartiennent à la grande voirie. (Arrêt du conseil, 13 avril 1823. *Recueil de Macarel*, p. 636.)

(1) Nous observons en passant que M. Mars a omis dans

placées par les lois nouvelles ; les anciens règlements confirmés par l'article 29, titre Ier de la
loi du 19—22 juillet 1791, ne sont maintenus
que quant à la prohibition, nullement quant à la
pénalité. C'est ce que nous aurons occasion de
prouver plus amplement dans le troisième livre.

428. M. le président Henrion de Pansey (*Du
pouvoir municipal*, liv. II, ch. ix, pag. 241,
2e édit.) pense que du pouvoir, conféré aux
corps municipaux par la loi du 24 août 1790,
*de prendre les mesures convenables pour que la
circulation dans les rues et places publiques soit
libre, sûre et commode*, résulte nécessairement
le droit de donner l'alignement des maisons
qui bordent les rues, de supprimer les saillies,
et d'ordonner la réparation et même la démolition des bâtiments qui menacent ruine.

Quant à ces deux derniers objets, cela nous paraît incontestable : sur le premier, nous croyons
que c'est avec raison que, plus d'une fois, les
officiers municipaux, et même des juges de
paix, dans le silence de la loi, se sont crus incompétents pour statuer sur les alignements.

Un arrêt de la cour de cassation, cité par le

son *Recueil* le règlement de 1765 sur les alignements de
grande voirie. Cet ouvrage cependant se recommande en
général par l'exactitude.

savant président, et rendu le 29 mars 1821,
au rapport de M. Aumont, sur le pourvoi du
procureur-général, et dans l'intérêt de la loi, a
statué à cet égard dans les termes suivants :

« Attendu que, par le n° 1er de l'art. 3, tit. xi
» de la loi du 24 août 1790, tout ce qui intéresse
» la sûreté et la commodité du passage dans les
» rues, quais, places et voies publiques, est
» mis au rang des objets confiés à la vigilance
» et à l'autorité des corps municipaux ; que, par
» l'art. 46, n° 1er de la loi du 22 juillet 1791,
» les corps municipaux sont autorisés à faire des
» arrêtés lorsqu'il s'agit d'ordonner les précau-
» tions locales sur les objets confiés à leur vigi-
» lance et à leur autorité, par les art. 3 et 4 de
» ladite loi du 24 août 1790 ;

» Que l'alignement des maisons qui bordent
» les rues des villes et bourgs est une mesure
» qui intéresse essentiellement la sûreté et la
» commodité du passage dans ces rues ; que le
» pouvoir de déterminer cet alignement rentre
» donc dans les attributions que la loi de 1790
» confère aux corps municipaux remplacés au-
» jourd'hui par les maires ;...

» Que le devoir des tribunaux de police est
» d'assurer l'exécution des règlements de police
» administrative ; ....

» Que s'il est des rues à l'égard desquelles
» la contravention aux règlements sur l'aligne-
» ment soit hors du ressort de la jurisdiction
» des tribunaux de police, ce sont uniquement
» celles qui, formant le prolongement d'une
» grande route sont, par cette circonstance,
» dans les attributions de la grande voirie; que
» quant à toutes les autres, leur alignement est
» un objet de *petite voirie*. »

429. On ne sait pas si, dans l'espèce de cet
arrêt, le contrevenant avait bâti sur la voie publique, ou s'il avait seulement négligé de prendre l'alignement. Quant à l'induction tirée de la
loi de 1790, elle est forcée en ce sens, que par
cela seul qu'on n'a pas pris l'alignement, il n'en
résulte pas qu'on ait en rien gêné la sûreté et
la commodité de la voie publique; si par exemple on a bâti à un mètre ou deux de distance,
on est évidemment hors des limites du pouvoir
municipal.

Cette jurisprudence n'est donc bonne qu'en
tant que le délinquant a dépassé la limite, et
anticipé sur la voie publique; dans ce cas, il
est indubitable qu'il a nui à sa viabilité, et que
le maire pouvait lui interdire ces travaux; mais
s'il était constaté en fait que l'on n'a point
dépassé la limite, que l'on n'a point construit

de saillie, rien, en un mot, qui nuise à la circulation et à la sûreté de la voie publique,
nous croyons que la cour de cassation modi-
fierait sa jurisprudence un peu trop absolue (1).

Du reste, il est étonnant qu'elle ne se soit
pas appuyée sur le texte de la loi du 16 septembre 1807, qui, comme on l'a déjà vu par
son art. 52, porte : « Que dans les villes, les
» *alignements*, pour l'ouverture des nouvelles
» rues, pour l'élargissement des anciennes, ou
» pour tout *autre objet* d'utilité publique, se-
» ront *données par les maires*, conformément
» au plan dont les projets auront été adressés
» aux préfets, et arrêtés en conseil d'état. »

Le décret du 27 juillet 1808, et la décision
royale du 29 février 1816, ont confirmé cette
attribution aux maires, quant aux *alignements partiels*, avec faculté de réclamer auprès du ministre de l'intérieur.

La jurisprudence du ministère, attestée par
M. Davenne, pag. 61 de son Recueil, défend
aux maires d'obliger les propriétaires à bâtir
sur un alignement nouveau, d'où résulterait
soit le reculement, soit l'avancement de la propriété, puisque l'adoption de cet alignement

(1) Arrêt de la cour de cassation du 12 avril 1822; le
président Henrion, *Du pouvoir municipal*, 2e édit., p. 256.

équivaudrait pour la commune à une acquisition
ou cession, qu'ils ne peuvent faire sans une autorisation formelle du gouvernement.

Seulement M. Davenne conseille aux propriétaires, par mesure de prudence, de demander l'alignement, afin que s'il était dirigé
de manière à frapper leurs propriétés bâties,
celles-ci ne soient pas grevées de la servitude
établie sur les bâtiments atteints par les redressements de la voie publique : inconvénient qu'ils
évitent en demandant l'alignement.

La cour de cassation n'a pas parlé de cette
loi, peut-être parcequ'elle n'a pas jugé qu'elle
fût applicable à la petite ville ou au bourg de
Caudebec, où avait été commise la contravention reprochée au sieur Vacquerie, car rien ne
constate qu'elle ait une population de deux mille
âmes ; ou bien par le désir de généraliser la
disposition, de manière à ce que l'arrêt servît
de règle pour les rues des villages.

430. Quoi qu'il en soit, il est essentiel de remarquer la différence qui existe à cet égard
entre les villages ou les simples bourgs, et les
villes proprement dites.

Si, d'après la jurisprudence de la cour de
cassation, les alignements peuvent être donnés,
dans les villages, par les maires, sans le con-

cours des autorités administratives supérieures,
il n'en est pas de même dans les villes; le maire
n'a que le droit de proposer l'alignement. C'est
ce qui résulte des lois de 1807, des décret et
décision de 1808 et de 1816.

Toutefois j'y mettrais un correctif : lorsque
le plan de la rue est tracé et approuvé par l'autorité supérieure, le maire peut donner l'alignement; cet alignement est obligatoire pour les
tribunaux, sauf à la partie intéressée à se pourvoir administrativement, si elle le croit convenable.

Au contraire, s'il s'agit de l'alignement d'une
rue *non encore arrêtée*, le maire est incom-
pétent; le besoin d'uniformité, et de ne pas
autoriser des alignements contraires à la décoration des villes, a fait qu'on ne lui laisse que
le droit de proposition. Le préfet lui-même n'a
pas le droit, dans ce cas, de donner l'alignement, comme à l'égard des grandes routes; il
faut une ordonnance royale, rendue sur le
rapport du ministre de l'intérieur, après que le
comité du conseil d'état, attaché à son département, en a délibéré.

L'opinion de M. Davenne sur ce point est
imposante; car elle n'est que le résumé des
instructions données par les ministres du dé-

partement de l'intérieur, depuis la promulgation de la loi de 1807 ; et les maires ne sauraient s'en écarter sans s'exposer à être réprimandés (1).

Les tribunaux ne pourraient donc pas prendre pour base de leurs jugements des arrêtés d'alignements qui seraient pris en contravention aux lois et aux règlements administratifs.

431. L'alignement une fois donné dans les villes selon la forme solennelle prescrite par la loi de 1807, a cet effet vraiment extraordinaire, de frapper les maisons qu'il atteint d'une servitude de non réédification ; c'est donc une sorte de dépossession anticipée qu'il prononce ; en effet l'art. 50 porte :

« Lorsqu'un propriétaire fait volontairement »démolir sa maison, lorsqu'il est forcé de la »démolir pour cause de vétusté, il n'a droit à »indemnité que pour la valeur du *terrain dé-* »*laissé*, si l'alignement qui lui est donné par »les autorités compétentes le force à reculer sa »construction. »

Le législateur, comme indemnité de cette servitude, a, par les art. 30 et 32, abandonné

---

(1) Voyez à cet égard les précieux détails donnés par M. le président Henrion, pag. 258 et suiv., *Du pouvoir municipal*, 2e édit.

40

aux propriétaires la moitié, et même souvent la totalité de la plus value qui peut résulter pour les propriétés de l'ouverture des routes ou des rues.

Néanmoins c'est une atteinte portée au droit de propriété ; nous examinerons tout à l'heure si cette servitude peut être étendue aux maisons des bourgs et des villages.

432. La question s'est présentée au conseil d'état, sous l'empire de la loi de 1807, de savoir : si parcequ'une maison était sujette à reculement on pouvait reconstruire sur les murs de fondation du rez-de-chaussée autrement qu'en simple maçonnerie. Le ministre et le préfet, à cet égard, étaient en discord ; il y a même ceci de remarquable, que le préfet avait refusé de déférer à l'invitation du ministre, qui demandait le rapport de l'arrêté d'autorisation : aujourd'hui un tel refus serait puni. Le préfet répondit que l'on pouvait se pourvoir au conseil d'état contre son arrêté : il y eut pourvoi ; le conseil d'état adopta l'avis du préfet et non celui du ministre, par un décret du 22 juin 1811, en rejetant la requête des sieurs Guibert, et autres contre les demoiselles Combeguilles.

« Vu l'arrêté du préfet qui décide qu'il n'y » a pas lieu de faire aux demoiselles Com-

» beguilles, d'autres défensesque celle de con-
» struire en avancement sur le rez-de-chaus-
» sée actuel, et cela fondé : 1° sur ce que les
» pétitionnaires avaient obtenu l'autorisation de
» démolir sous cette seule condition ; 2° sur ce
» qu'on n'est tenu à se soumettre à un aligue-
» ment projeté que lorsqu'on touche aux fon-
» dations et au rez-de-chaussée ; 3° sur ce
» qu'aucune loi ne prohibe la construction en
» bois ; et qu'une lettre du ministre de l'intérieur
» du 18 juillet 1809, explique positivement que
» la défense n'en est applicable qu'à la ville de
» Paris ; 4° sur ce que l'alignement projeté man-
» que encore aujourd'hui même des formes qui
» seules peuvent le rendre légal. »

Il s'agissait de la ville de Castres. (Sirey,
Jurisprudence du conseil d'état, t. Ier, p. 505.)

433. Un arrêt du conseil du 13 avril 1809
(Sirey, *ibid.*, pag. 165) a consacré le même
principe pour un fait consommé même avant
la loi de septembre 1807. Il s'agissait de reconstructions faites par un sieur Delaunay, à
une maison sujette à reculement, située dans
une rue d'Ingrande, *ville* limitrophe de deux
départements. Il soutenait en fait que la voie
publique était un chemin vicinal plutôt qu'une
rue ; mais le conseil ne s'est pas arrêté à cette

objection, délaissant au propriétaire à demander l'indemnité.

Un arrêt du conseil, du 30 juillet 1817 (Sirey,
ibid., tom. VI, pag. 105 (1), affaire Armennier),
dans sa rédaction consacre le principe qu'il
appartient aux maires, dans les villes aussi bien
que dans les rues des villages, de *donner* et faire
exécuter les alignements.

Une ordonnance du 12 décembre 1818, rendue sur le pourvoi du sieur Hazet, à l'occasion
d'un alignement donné par le maire d'Elbeuf,
n'a point déclaré cet alignement nul pour défaut de compétence, bien qu'il s'agît d'une
ville, et que le plan général n'eût pas encore
été réglé par le gouvernement ; au contraire,
il a réservé une indemnité au sieur Hazet, qui
avait à souffrir du changement de cet alignement. (Sirey, *ibid.*, tom. V, pag. 27.) *Voy.*
aussi ordonnance du 1er novembre 1820, affaire de la ville d'Elbeuf. (Sirey, *ibid.*, p. 469.)

Même décision dans une affaire Carez, 11 février 1820. (Sirey, *ibid.*, pag. 319.) « Considé-
» rant, dit l'ordonnance, qu'aux termes des
» règlements sur la voirie urbaine, c'est aux
» maires, sauf l'appel devant les préfets, qu'il

(1) Elle est citée par le président Henrion de Pansey,
Du pouvoir municipal, p. 256, 2e édit.

» appartient de *donner* et de faire exécuter les
» alignements dans les rues des villes, bourgs et
» villages qui ne sont pas routes royales ou dé-
» partementales. »

Même décision, affaire Cenard, 23 janvier 1820, *ibid.*, pag. 294; ordonnance Lucé,
Recueil de Macarel, *ibid.*, tom. IV, pag. 326;
tome V, pag. 344, ordonnance Rougier; et
tome VI, p. 331, ordonnance Versigny.

434. Ainsi la distinction que nous avons faite
sur l'opinion de M. Davenne est justifiée par
une jurisprudence constante.

Cette attribution des maires n'empêche pas le
pourvoi devant le ministre et le conseil d'état.
(Ordonnance ou arrêt du conseil, héritiers De-
nys, 9 juin 1824, *Recueil* de Macarel, p. 299.)

§ 4. Des alignements dans les rues des bourgs et des villages.

435. On a vu ci-dessus que le droit de
donner des alignements dans les rues des bourgs
et des villages avait paru à la cour de cassation découler des lois sur la compétence des
corps municipaux, surtout de celle du 24 août
1790.

Il résulte aussi de ce que la cour de cassation n'a pas cité dans son arrêt l'art. 52 de la

loi du 16 septembre 1807, qu'elle a considéré
que cette loi était spéciale, et ne s'appliquait
qu'aux rues des villes, c'est-à-dire aux popu-
lations agglomérées de deux mille âmes et au-
dessus, que l'autorité administrative met au
rang des villes. (Circulaire du 17 août 1813.)

436. De là naît la question de savoir si, parcequ'un maire a pris, dans un bourg ou dans un
village, un alignement qui oblige certaines propriétés à reculer, les possesseurs de ces héritages sont dépouillés du droit de bâtir ou de
réparer les murs menaçant ruine, avant même
leur dépossession pour cause d'utilité publique.

L'art. 50 de la loi de 1807 est expresse à ce
sujet; mais nous venons de prouver que cette
loi ne s'applique qu'aux villes; et comme il s'a-
git ici de déroger à un principe fondamental,
qui veut que nul ne puisse être dépouillé de sa
propriété sans une juste et préalable indemnité; comme le droit de propriété consiste essentiellement dans le droit de jouir et de bâtir;
nous pensons que de la nécessité même reconnue de prendre l'alignement pour bâtir de face
sur le bord de la voie publique, dans les rues
des bourgs et villages, ne résulte pas, pour le
propriétaire, l'interdiction formelle de réparer et

réconforter sa maison, ou de bâtir; si on veut la lui imposer, ce propriétaire a droit de forcer la commune à lui acheter de suite son terrain, et à l'indemniser.

437. Nous adoptons cette opinion, parceque, en fait de servitudes, on ne peut pas conclure d'un cas prévu par la loi à un autre; parceque toute servitude de cette nature ne peut résulter que d'un texte positif de la loi, et il n'y en a pas.

Pour faire résulter cette servitude de la loi, voyez à quelles inductions il faut se livrer:

De ce que les maires ont droit de veiller à la *sûreté* et à la *commodité* de la voie publique, on conclut d'abord qu'ils ont droit de donner l'alignement; ce qui est vrai quand il s'agit d'empêcher qu'on ne la rétrécisse, ou qu'on fasse des anticipations; ce qui est faux quand on n'appuie pas le bâtiment sur la voie publique.

Puis, l'alignement donné, il faut supposer fictivement que la voie publique est saisie du terrain qu'on veut grever de servitude, avant même qu'on ait rien payé pour la dépossession, lors par conséquent que les droits des propriétaires sont encore intacts.

Assurément bâtir sur un terrain non exproprié n'est pas autre chose que faire un acte de

propriété ; bâtir sur sa propriété , n'est pas
nuire à la sûreté ni à la commodité de la voie publique. Réparer ou réconforter les constructions
anciennes, ce n'est pas nuire à la voie publique ;
c'est au contraire pourvoir de soi-même et sans
provocation de l'autorité à sa sûreté.

438. Nous n'avons pas trouvé d'arrêt contraire à la distinction que nous faisons ici à
l'égard des rues des villages.

Les arrêts du conseil cités dans le paragraphe
précédent sont tous relatifs, même celui du 13
avril 1809, aux rues des villes. Cependant nous
ne serions pas étonnés d'apprendre que par
analogie la servitude ait été déclarée applicable
aux rues des bourgs et des villages : mais la
question ne sera décidée que quand l'exception
proposée et les distinctions qui l'appuient auront été examinées et discutées dans un arrêt
administratif ou judiciaire souverain qui inter-
viendra.

En attendant, nous croyons qu'il est conforme aux principes de repousser l'application
de l'art. 50 de la loi du 16 septembre 1807.

§ 5. Des alignements des chemins vicinaux non bâtis.

439. On a vu dans les paragraphes précédents
que la mesure de l'alignement est adoptée sans

difficulté à l'égard des grandes routes, quoique
établie par un simple arrêt du conseil ; qu'elle
s'applique incontestablement aux rues des villes,
par la loi de 1807; et qu'elle a été appliquée par
un arrêt de la cour de cassation, récent, et par
de nombreux arrêts du conseil, aux *rues* des
bourgs et des villages ; il s'agit maintenant de
savoir si celui qui veut bâtir sur un chemin vicinal est passible des peines de contravention ,
pour avoir négligé de prendre l'alignement.

L'affirmative de cette question semble préjugée par un jugement fort bien motivé du
tribunal de Chaumont , dont le conseil d'état
paraît avoir adopté la doctrine , en statuant sur
un conflit négatif le 9 juin 1824. M. Macarel
a senti l'importance de ce jugement , et il l'a
rapporté dans son *Recueil* , pag. 301.

Il s'agissait à la vérité d'une construction à
faire dans une ville ; mais le tribunal est entré
dans les développements de principes que voici :

« Attendu que les alignements pour les con-
» structions à faire , soit sur les *bords des che-*
» *mins vicinaux dans les champs* , soit sur le
» bord des rues et places publiques dans les
» communes , soit dans les villes sur le bord
» des rues qui ne font point partie d'une grande
» route, ou pour tout autre objet d'utilité pu-

» blique, doivent être données par le maire, sauf
» le recours aux préfets, en cas de réclamations
» des tiers intéressés... »

Toutefois on ne peut pas dire que le conseil
d'état ait admis alors cette doctrine dans toute
son extension, puisqu'il s'est contenté de donner pour base à sa décision le fait qu'il s'agissait de fixer l'alignement d'une rue :

440. Mais on doit le conclure de deux arrêts du conseil antérieurs, dans les espèces que
voici.

Un sieur Coudray faisait construire sur un
terrain à lui appartenant, le long du chemin
vicinal de Saint-Quentin à Genillé. Le maire
de Genillé le somma de démolir ; le préfet ordonna cette démolition, sauf l'indemnité due
au sieur Coudray, dans le cas où il serait jugé
qu'il était propriétaire du terrain compris dans
l'alignement. Coudray se pourvut au conseil
d'état, et, par ordonnance du 3 juin 1818 (Sirey, *Jurisprudence du conseil d'état*, tome IV,
p. 354), il fut statué dans les termes suivants :

«Vu la loi du 9 ventôse an XIII, les décrets
» des 16 octobre 1813 et 6 janvier 1814, et
» notre ordonnance du 30 juillet 1817...

» Considérant qu'aux termes des règlements
» sur la voirie urbaine, c'est aux maires qu'il

» appartient de donner et faire exécuter les ali-
» gnements dans les rues des villes, bourgs et
» villages qui ne sont pas routes royales ou dé-
» partementales, sauf tout recours devant les
» préfets; que les arrêtés pris par les préfets dans
» les limites de leur compétence ne peuvent
» être déférés qu'au ministre que la matière con-
» cerne; que, dans l'espèce, le ministre de l'inté-
» rieur a approuvé l'arrêté du préfet, et qu'ainsi
» le pourvoi est recevable ;

» Considérant, sur le fond, que nonobstant
» trois procès-verbaux de défenses à lui notifiés,
» Coudray a continué et terminé les constructions
» par lui commencées, *le long de la voie publi-*
» *que,* dans la commune de Genillé, et qu'il n'a
» pas justifié de l'alignement qu'il dit avoir ob-
» tenu; considérant que l'adjoint du maire a or-
» donné de rendre à la voie publique l'espace
» occupé par les bâtiments construits sans avoir
» obtenu l'alignement, et que le préfet, en ap-
» prouvant l'arrêté, a réservé à Coudray son
» droit à une indemnité dans le cas où il serait ju-
» diciairement reconnu propriétaire du terrain.

» Les requêtes du sieur Coudray sont reje-
tées. »

M. Garnier, qui donne à cet arrêt, par erreur,
la date du 11 avril 1817, remarque (n° 196)

que le conseil n'a pas voulu s'expliquer en ce qui concerne les chemins vicinaux. Il me semble au contraire que le principe de la nécessité de l'alignement y est clairement établi, et même avec cette circonstance bien caractéristique, qu'on ordonne la démolition.

441. L'autre espèce est moins analogue, et l'on peut dire que le conseil a plutôt éludé que résolu la question.

Il s'agissait de bornes plantées par ordre du général Andréossy le long de son mur sur un chemin non classé de Ris au bois d'Orangis. Le 16 novembre 1814, le maire avait fait donner l'ordre d'enlever les pierres, sauf à en remettre d'autres conformément à l'alignement qui serait donné par le voyer; le conseil de préfecture l'avait condamné à l'enlèvement des bornes et à 3 fr. d'amende.

Sur le pourvoi au conseil, la commune refusa d'intervenir; mais plusieurs particuliers se présentèrent contre le général, et demandèrent le renvoi devant le tribunal de simple police. Le général leur opposa une fin de non-recevoir, fondée sur ce qu'ils étaient sans qualité pour défendre au lieu de la commune; à son recours. Le conseil a prononcé dans les termes suivants:

« Considérant que les sieurs Langlet et con-

» sorts ont qualité pour demander ; par la voie
» compétente, la destruction des obstacles qui
» nuisent au libre accès de leurs propriétés ;

» Considérant, sur la compétence, que le
» maire et les habitants de Ris peuvent se pour-
» voir devant le préfet pour demander que le
» chemin soit porté dans la classe des chemins
» vicinaux ; mais que ce chemin n'étant pas en-
» core classé, le conseil de préfecture était in-
» compétent ; ...

» Considérant que dans plusieurs titres le
» chemin est qualifié communal, et que le géné-
» ral Andréossy n'élève aucune prétention sur
» la propriété de ce chemin ;

» Considérant que l'extrémité de ce chemin
» aboutit à la commune de Ris ; qu'il est en cette
» partie bordé de murs et de maisons , et qu'il
» forme une des *rues* du village ;

» Considérant qu'aux termes des règlements
» sur la voirie *urbaine*, c'est aux maires qu'il
» appartient de donner et de faire exécuter les
» alignements dans les rues des villes , bourgs et
» villages qui ne sont pas routes royales ou dé-
» partementales , sauf tout recours devant les
» préfets , et que les tribunaux sont seuls com-
» pétents pour statuer sur les amendes encou-
» rues en cas de contraventions ; ...

» Considérant que le sieur Andréossy recon-
» naît avoir placé plusieurs bornes sur la voie
» publique sans autorisation et sans avoir préa-
» lablement demandé l'alignement,

» Notre conseil d'état entendu, nous avons
ordonné et ordonnons ce qui suit :

» Langlet et consorts sont déclarés recevables
» dans leur pourvoi. L'arrêté du conseil de pré-
» fecture est annulé pour incompétence. Les par-
» ties sont remises en l'état où elles étaient pla-
» cées par la décision du maire du 16 novem-
» bre 1814, laquelle recevra son exécution dans
» le délai d'un mois à dater de la signification
» au sieur Andréossy. Celui-ci est condamné
» aux dépens. » (Arrêt du conseil, 18 novembre
1818, Sirey, *Jurisprudence du conseil d'état,*
tome V, pag. 11.)

442. Cette décision est sans doute contraire
aux principes sur plusieurs points : 1° le général
ne pouvait être condamné aux dépens, puisque
l'arrêté du conseil de préfecture, qu'il attaquait
pour cause d'incompétence, a été cassé; 2° ses
adversaires pouvaient-ils être reçus dans la cause,
puisqu'il est constant que le chemin n'était pas
une propriété privée, mais une propriété communale? 3° le conseil d'état ne pouvait statuer
sur une contravention qui était évidemment du

ressort de la police municipale. Mais, à part ces vices, la décision sur le fond nous paraît conforme aux principes; dès qu'il est constaté en fait que le chemin dont il s'agit était une rue de village., par cela seul il n'avait pas besoin d'être formellement classé dans les formes de la loi du 9 ventôse an XIII.

M. Garnier pense (n° 196) que le conseil, dans cette circonstance, a fait fausse application des lois sur les alignements. Mais son opinion est contraire à la jurisprudence admise par la cour de cassation dans son arrêt de 1821, et par tous les arrêts du conseil, que nous venons de citer.

Nous ne blâmons pas cette jurisprudence, pourvu qu'on ne lui donne pas trop d'extension; pourvu, par exemple, 1° que jamais on n'ordonne de démolition pour le seul fait d'avoir bâti sans prendre l'alignement; car le droit commun ne permet d'ordonner cette démolition que quand il y a anticipation sur le terrain d'autrui;

2° Qu'on ne prétende pas, par suite d'alignement, grever d'une servitude de non bâtir les terrains dont les communes n'auront pas payé le prix.

Ainsi que nous l'avons dit, les chemins communaux sont la prolongation des rues des villages; ils peuvent devenir rues par la construction de plusieurs maisons; il est donc tout naturel qu'on leur applique les lois sur les alignements (1).

En un mot, si l'on ne considère les alignements que comme une simple déclaration de limites, et comme un moyen de conservation pour la voie publique, aucune objection ne peut s'élever contre l'extension déjà consacrée par la jurisprudence du conseil d'état; extensoin qui, nous en sommes convaincus, serait également adoptée par la cour de cassation.

Il est donc d'un grand intérêt pour les riverains de la voie publique de ne jamais bâtir sans avoir pris cet alignement; s'il y avait anticipation ils seraient inexcusables, et leurs constructions ne pourraient échapper à la démolition.

443. Que pour avoir enfreint les ordonnances de police relatives à ces alignements, on les condamne à une simple amende sans démolition : cela est encore admissible. Aller plus loin serait illégal. Ni la loi du 9 ventôse an XIII, citée dans l'arrêt du conseil du 3 juin 1818, n'autorise cette extension, ni les décrets des 16 octobre 1813 et 6 janvier 1814.

(1) Davenne, p. 202 de son traité, exprime encore des doutes à cet égard, ce qui prouve que la jurisprudence du ministère n'est pas fixée.

Les décrets rendus en matière contentieuse, quoique insérés au *Bulletin des lois*, ne décident qu'une chose, c'est qu'il appartenait alors aux préfets d'indiquer la direction des chemins vicinaux.

Le ministre de l'intérieur, dans la circulaire du mois d'octobre 1824, suppose que les préfets ont encore ce droit, et par suite celui de donner des alignements sur les chemins vicinaux.

« Quant aux plantations, dit-il, la législa- » tion n'avait rien à ajouter à l'art. 7 de la loi » de 1805, en ce qui concerne l'obligation aux » particuliers de respecter l'alignement donné » par l'autorité pour la largeur des chemins. »

Si ce droit leur était conféré par cette loi, ce n'était pas par l'art. 7, qui défend seulement de planter, à moins d'observer la distance voulue par les lois, mais par l'art. 6, qui donnait le droit aux préfets de rechercher les limites ; mais cette disposition législative, qui avait pour objet moins de donner des alignements que de classer les chemins vicinaux, laissait subsister le pouvoir des maires quant aux alignements.

Cette loi est d'ailleurs modifiée, ou même tout-à-fait abrogée, en ce qui concerne le classement et l'élargissement des voies pu- bliques, par la loi du 28 juillet, qui rend à

41

cet égard aux conseils municipaux l'initiative.

Puisqu'aujourd'hui la voie publique ne peut plus être élargie ni rétrécie sans le concours des conseils municipaux, il est évident que l'on est ramené, par la loi du 28 juillet 1824, au système établi par les lois de 1790 et 1791 ; que, par une conséquence forcée, les maires ne peuvent plus donner d'alignements extensifs ou restrictifs, sans usurper les attributions du corps municipal, dont ils ne sont qu'un membre.

444. L'alignement ne peut plus être aujourd'hui que ce qu'il était d'abord, que ce qu'il n'aurait jamais dû cesser d'être, une simple déclaration de limites.

Si le propriétaire riverain, qui, avant de bâtir, est obligé de prendre cet alignement, trouve qu'on anticipe sur sa propriété, il doit inviter le maire à remplir les formalités ci-après établies pour l'élargissement des rues ; si, au contraire, on l'autorise à s'avancer sur la voie publique, il doit s'assurer que le conseil municipal a autorisé cette aliénation, autrement il s'exposerait à être dépossédé plus tard, et même à être condamné à démolir.

Ce n'est donc que dans le cas où l'alignement paraîtrait ne pouvoir donner lieu ni à dépossession, ni à avancement, que le propriétaire pourrait s'en contenter, et que cet alignement aurait été donné valablement.

Les questions d'alignements présentent, comme on voit, des nuances très distinctes, qu'il faut bien saisir.

Les principes que nous exposons ici sur l'intervention des conseils municipaux sont communs aux rues des villes.

CHAPITRE V.

DES FORMALITÉS D'OUVERTURE, ÉLARGISSEMENT, RÉTRÉCISSEMENT ET SUPPRESSION DES CHEMINS ET DES RUES.

SECTION Iʳᵉ.

§ 1. De l'ouverture des chemins.

445. La loi du 28 juillet 1824, par son art. 1ᵉʳ, s'occupe des chemins existants et de leur classement, en appelant les communes à délibérer sur leur utilité ou suppression.

Mais il peut arriver qu'il soit nécessaire d'ouvrir un nouveau chemin; dans ce cas, il s'agit de savoir comment on procèdera.

L'art. 10 de la loi nous l'indique, mais d'une manière si succincte qu'il oblige à des dé-

41.

veloppements d'autant plus étendus, que l'instruction ministérielle d'octobre 1824 ne s'en explique pas davantage.

446. Si le maire d'une commune, soit d'après son opinion personnelle, soit d'après la demande d'un ou plusieurs habitants de la commune, estime qu'il serait utile d'ouvrir une nouvelle communication vicinale, il demandera au préfet la permission de réunir le conseil municipal pour lui en soumettre la proposition et les moyens d'exécution. Il fera connaître si les propriétaires des terrains sur lesquels ce chemin devra passer paraissent disposés à y consentir, et même à y contribuer par des cessions volontaires de terrains.

Si le conseil municipal n'approuve pas, il ne pourra être donné suite à la proposition; s'il approuve, et si les moyens d'exécution lui paraissent peu coûteux, ou en proportion avec les ressources de la commune, le préfet devra ordonner l'enquête de *commodo et incommodo*.

La loi ne s'expliquant pas sur la nature ni sur les formes de ce mode d'enquête, il faut dire en quoi il consiste.

447. Comme il s'agit d'expropriation, c'est à la loi du 8 mars 1810 qu'il faudra se conformer, et non à l'instruction ministérielle du 7 prairial

an XIII, qui n'a rien de législatif, et qui, dans tous les cas, serait abrogée par le deuxième alinéa de l'art. 10 de la loi du 28 juillet 1824 ; le texte, en effet, porte :

« Seront aussi autorisés par les préfets, dans » les mêmes formes (c'est-à-dire avec adjonc- » tion des conseils de préfecture et délibération » des conseils municipaux intéressés), les tra- » vaux *d'ouverture*, ou d'élargissement desdits » chemins, l'extraction des matériaux néces- » saires à leur établissement, qui pourront don- » ner lieu à des expropriations pour cause d'u- » tilité publique, en vertu de la loi du 8 mars » 1810, lorsque l'indemnité due aux propriétai- » res, pour les terrains ou pour les matériaux, » n'excèdera pas la même somme de trois mille » francs. »

«Au premier aperçu, dit M. Garnier en son commentaire sur cet article, page 134, il sem- blerait qu'en renvoyant à la loi du 8 mars, on ait voulu conférer au préfet le pouvoir qui appartient au roi de déclarer l'utilité publique, en réservant néanmoins à l'autorité judiciaire le pouvoir de prononcer la dépossession ; au- trement, que signifierait la citation de cette loi ?

» L'art. 6 de cette loi exige que le plan des propriétés dont la cession serait nécessaire soit déposé à la mairie. Il faut donc que le maire, qui, dans ce cas, remplace les ingénieurs ou autres gens de l'art, à l'égard de cette classe de travaux publics, fasse dresser le plan; la délibération du conseil municipal et l'arrêté du préfet lui serviront à cet égard d'autorisation suffisante; car qui veut la fin veut les moyens.

» Le plan dressé et déposé à la mairie, le maire devra avertir toutes les parties intéressées de venir en prendre communication.

» Cependant, en examinant les choses de près, on reconnaît que cette interprétation conduit à une fausse conséquence; c'est par une erreur *manifeste* qu'on a rappelé la loi du 8 mars. On a cru qu'elle consacrait le principe de l'expropriation, lorsqu'elle ne fait que l'organiser, que prescrire les formes et les conditions de son application. Ce principe, au contraire, est établi par l'art. 545 du Code civil et par la Charte.»

M. Garnier pense que, par la citation de la loi de 1810, le législateur n'a voulu que lever la difficulté qui s'était élevée de savoir si les communes devaient, comme l'état, jouir du droit de dépossession pour cause d'utilité publique.

448. Nous répondons que, si tel avait été le seul motif du législateur, il était assez inutile

d'en faire une disposition spéciale, car la difficulté dont il s'agit était depuis long-temps et fort
sagement résolue. Les communes ne sont qu'une
partie de la grande société qui est l'état, et
elles la représentent tout-à-fait aux yeux des
habitants, aussi on n'a pas hésité à voir l'intérêt général dans l'intérêt communal, afin de
vaincre la résistance, souvent mal fondée, opposée par les propriétaires.

Le législateur a voulu davantage ; il n'a point
été arrêté par la crainte de toucher à une
prétendue *prérogative* royale (1) ; car le droit
de déclarer l'utilité publique appartient au
pouvoir administratif du gouvernement, et nullement à l'essence de la royauté elle-même,
qui ne peut intervenir que nominalement dans
des questions de ce genre.

Le gouvernement central étant chargé de déclarer l'utilité publique à l'égard des travaux généraux pour compte de l'état, il était
tout naturel que ses pouvoirs fussent délégués

---

(1) M. Davenne, pag. 130, cite, sans lui donner aucune
date, un avis du conseil d'état portant, le roi prononce, sur
» l'avis de son conseil d'état, si *l'utilité publique* exige ou
» non la dépossession des particuliers. »

Cela veut dire seulement qu'il faut la formalité d'une
ordonnance et le concours du conseil d'état, et non une
simple décision ministérielle.

aux préfets lorsqu'il s'agit de déclarer l'intérêt communal. Le législateur a fait cette délégation, et il devait la faire pour remédier aux
inconvénients du système de centralisation. En
donnant pour limite de ce pouvoir une valeur
de trois mille francs, et en réservant, par conséquent, au gouvernement lui-même la décision
souveraine sur l'utilité communale pour une
somme excédante, le législateur a certainement gardé une juste mesure.

449. Dire que le rappel de la loi de 1810,
dans l'art. 10 de celle de 1824, est une erreur
manifeste, c'est s'avancer beaucoup; c'est supposer que le conseil du roi et le ministère, lors
de la rédaction du projet, et que les deux
chambres n'ont pas su ce qu'ils faisaient.

Il nous paraît à nous qu'on a sagement vu la
nécessité d'affranchir les communes de la formalité d'une ordonnance royale pour déclarer
préalablement l'utilité publique ; et qu'on a reconnu que cette utilité peut aussi bien être reconnue et déclarée, communément avec la nécessité des formes, pour la meilleure direction
et confection des nouveaux ou des anciens
chemins.

L'expérience a enseigné que le décret préa-
lable sur l'utilité publique exigé par le Ier titre

de la loi du 8 mars 1810 , était une opération
mal combinée ; les intérêts n'ayant pas encore
été mis en présence , le gouvernement décide
en aveugle. Lorsqu'au contraire les enquêtes
de commodo et incommodo seront préalablement ordonnées , que tous les intérêts auront
été éveillés , alors le gouvernement prononcera
en grande connaissance de cause.

450. Nous reconnaissons, avec M. Garnier ,
que, dans la loi de 1810, il y a deux choses, le
mode d'application de l'utilité publique , qui
est du ressort de l'autorité administrative, et le
mode de dépossession, qui est du domaine des
tribunaux; mais il nous a toujours paru que la
déclaration de l'utilité publique devait suivre et
non précéder les formalités salutaires établies
par la loi de 1810. Nous croyons donc que la
loi de 1824 a corrigé fort heureusement , pour
les chemins publics , un système mal conçu
et presque abandonné.

Nous remarquons avec plaisir que M. Robion
partage notre opinion sur le sens à donner au
deuxième alinéa de l'art. 10 de la loi de 1824 (1).
A quoi servirait , dit-il , l'autorisation (que la

(1) Il en est de même de l'auteur du *Code des chemins
vicinaux*, 2ᵉ édit. , pag. 13 , dernier alinéa.

nouvelle loi défère au préfet seul) , si les communes étaient aussi obligées d'obtenir une ordonnance royale ? On ne peut pas objecter que la loi nouvelle ne s'occupe que de travaux à faire et non d'*expropriation ;* et qu'il y a une différence entre *autoriser des acquisitions* (expressions de la loi de 1824) , et en *ordonner* (expression de la loi de 1810, art. 1er) : qu'*ordonner* une réquisition , c'est déclarer que l'utilité publique exige qu'elle soit faite; que l'*autoriser,* c'est simplement donner à un incapable le droit de la faire ; que l'autorisation du préfet suffira quand le propriétaire ne s'opposera point à la dépossession ; mais que s'il faut qu'il soit exproprié , l'intervention du pouvoir royal sera nécessaire.

« Quelque spécieuse , dit M. Robion , n° 89 , » que puisse paraître cette distinction , elle est » certainement en opposition avec l'esprit de la » nouvelle loi , dont le but est de dispenser les » communes de recourir au gouvernement, pour » ce qui concerne l'ouverture, l'élargissement et » l'entretien de leurs chemins , quand la dépense » n'excède point de certaines limites ; et la » lettre elle-même la condamne, puisqu'en pré- » voyant l'expropriation, cette loi parle d'indem- » nité due aux propriétaires pour les TERRAINS ,

» ou pour les matériaux, expressions qui déter-
» minent parfaitement le sens, peut-être équi-
» voque, de la première partie du paragraphe
» où elles sont employées. »

451. En renvoyant à un autre chapitre de ce
livre les questions de dépossession et de paiement, nous allons nous occuper des formalités
établies par la loi de 1810, pour constater l'u-
tilité publique, et son application aux localités;
seulement nous ferons remarquer avec soin
en quoi les dispositions de cette loi sont inapplicables, à raison de ce que la déclaration de
l'utilité publique doit désormais *suivre*, et non
précéder les enquêtes et le travail de la commission.

M. Robion, n° 93, pense que la nouvelle
loi abroge le titre 2 de celle de 1810, en tant
qu'il détermine les règles de l'instruction pré-
paratoire, parceque la loi nouvelle n'exige
qu'une délibération du conseil municipal, et
une enquête. Qu'il y ait modification à cette loi
générale, en ce qui concerne les chemins vicinaux, par l'ensemble de la loi de 1824, c'est
ce que nous-mêmes nous établissons; mais qu'il
y ait abrogation des formes à suivre pour les enquêtes, et pour le rapport de la commission,
c'est ce que nous ne pensons pas, et ce que

M. Robion lui-même paraît regretter. Il est sinon
dans le texte formel, au moins dans l'esprit in-
time de l'art. 10 de la loi de 1824, que des formes régulières soient observées pour les enquêtes ; et comme elle se réfère à la loi de 1810,
comme cette loi est générale et a remplacé
l'instruction de l'an 13, il nous paraît qu'il
n'est pas permis de s'en écarter, à moins que
l'on ne prouve que la loi de 1810 est inconciliable avec celle de 1824. Or, loin qu'il y ait in-
conciliabilité, il y a un accord presque parfait.
M. Robion est sur ce point d'accord avec nous.

452. Il serait conforme aux règles d'une sage
et paternelle administration de faire donner l'a-
vis à domicile. Cela est d'autant plus nécessaire que l'ouverture de nouvelles routes donnera presque toujours lieu à des votes de centimes extraordinaires, pour lesquels on devra
appeler plus tard les plus imposés ; et que,
pour eux, l'absence d'un pareil avis pourrait
être un sujet d'opposition.

Toutefois la loi ne l'exige pas ; elle dit,
art. 6, que l'avis sera donné *collectivement*,
c'est-à-dire publié à son de trompe ou de caisse
dans la commune, aux lieux accoutumés, et affiché tant à la principale porte de l'église du
lieu, qu'à celle de la maison commune.

Le statut anglais de 1815 est bien plus exigeant ; il veut que l'avis soit affiché aux endroits où passe la nouvelle route, et en outre dans les papiers publics du comté et des comtés voisins.

La loi française de 1810 n'accorde qu'un délai de huit jours pour prendre communication du plan à la mairie ; l'instruction de prairial an XIII accordait quinze jours ; la loi anglaise exige trois semaines de publication, et l'affiche pendant trois dimanches. Pendant ce délai de huit jours, le maire doit recevoir tous les dires et observations qui lui sont adressées ; la loi ne le dit pas, mais elle le suppose. Cela a lieu dans les enquêtes relatives aux établissements insalubres et incommodes : le maire n'a aucun motif de s'y refuser ; et cela facilite d'autant le travail de la commission.

453. D'ailleurs, comme on l'observe dans une note de la circulaire ministérielle de 1824, « il « arrivera que des propriétaires riverains, par « des motifs honorables ou intéressés, consenti- « ront quelquefois à des abandons gratuits de « terrain : l'autorité peut les y engager, si elle « ne peut les y forcer. »

Dans le cas où une cession pareille serait faite, l'autorité municipale doit s'empresser d'en dresser un acte, et de le faire signer au cédant, de manière à ce que l'offre ne puisse plus être révoquée.

La circulaire parle d'un acte ayant authenticité suffisante. Un acte sous seing privé remplira ce but, le maire pourra le recevoir, et accepter la cession provisoirement, sauf la ratification du conseil municipal.

A l'expiration du délai de huit jours, une commission présidée par le sous-préfet de l'arrondissement, et composée de deux membres du conseil d'arrondissement désignés par le préfet, du maire de la commune où la propriété est située, et d'un ingénieur, se réunit au local de la sous-préfecture. (Art. 7.) Le maire doit lui adresser les certificats de publication, et toutes les pièces relatives à l'objet de l'enquête.

La session de cette commission dure un mois, à partir du délai de huit jours, accordé par l'art. 6. La commission reçoit toutes les demandes et les plaintes, soit verbales, soit écrites, des propriétaires; elle peut même les appeler devant elle; et elle le doit, toutes les fois qu'elle peut penser qu'on aurait employé des influences illégitimes pour empêcher les opposants de faire connaître leurs réclamations; ce qui arrive souvent dans un pays comme le nôtre, où les citoyens n'osent faire connaître leur opinion toutes les fois qu'elle est en opposition avec celle des autorités.

454. En un mot la commission doit prescrire tout ce qui est propre à éclairer sa religion (1). Le sous-préfet, comme président, jouit à cet égard d'un pouvoir discrétionnaire. Il est de son devoir de se transporter sur les lieux, ainsi que le font toujours les juges de paix en Angleterre.

Dans les sous-préfectures de chefs-lieux, le préfet devra déléguer ses fonctions au secrétaire général ou à un membre du conseil d'arrondissement, afin de pouvoir remplir lui-même avec les conseillers de préfecture les attributions dont il va être parlé.

L'art. 8 de la loi de 1810 dit que la commission ne s'occupera des réclamations des propriétaires, qu'autant qu'ils soutiendraient que l'exécution des travaux n'entraîne pas la cession de leurs propriétés: pourquoi?

Parceque, dans l'économie de cette loi, le décret qui décide de la question d'utilité publique est supposé déjà rendu, et qu'il ne s'agit plus

_____

(1) *Voy.* les Procès-verbaux de la commission administrative d'enquête sur les comptes de l'armée d'Espagne, 1825, tom. II, in-4°.

que de son exécution ; au lieu que , dans l'exécution de la loi du 28 juillet 1824, rien n'est
encore préjugé sur la convenance ou disconve-
nance de l'ouverture des chemins.

Ainsi la commission doit recevoir les réclamations de toute nature , même de la part de
ceux dont les propriétés ne se trouvent pas engagées dans la confection de la nouvelle route ;
sauf , dans son avis , à les classer dans une catégorie à part.

455. Dans le cas où la commission serait d'a-
vis de modifier le plan, ou de donner au chemin
une nouvelle direction (1) , la commission devrait ordonner une nouvelle enquête ; dans tous
les cas elle devrait entendre ou appeler les propriétaires des terrains sur lesquels se reporterait
l'effet d'un changement. C'est la disposition
expresse du deuxième alinéa de l'art. 9 de la
loi de 1810.

La commission doit ensuite donner son avis
motivé sur le tout. Ses opérations ne doivent

(1) Elle jouit à cet égard d'une latitude d'autant plus
grande que rien n'est encore préjugé sur l'ouverture des
chemins ; latitude qu'elle n'a pas dans l'application ordinaire de la loi du 8 mars 1810 ; toutefois, si elle faisait des
changements trop considérables, le conseil municipal, dont
la proposition serait ainsi changée, devrait délibérer de
nouveau.

pas être bornées, comme le dit la première
partie de l'art. 10 de la loi du 8 mars, aux objets mentionnés dans les art. 8 et 9, puisqu'elle
est appelée à donner son avis aussi bien sur la
nécessité de l'ouverture de la route, sur sa
consistance et largeur, c'est-à-dire sur l'utilité
publique, que sur l'application, et les moyens
respectifs d'opposition des propriétaires compris dans l'expropriation.

Quant au délai accordé à la commission pour
terminer ses opérations, il est fixé à un mois, à
partir de l'expiration du délai de huitaine accordé à la mairie ; mais ce délai n'est pas fatal ;
les propriétaires intéressés sont toujours admissibles à faire valoir leurs réclamations devant la commission, tant que les pièces ne sont
pas renvoyées de la sous-préfecture, ou à les
adresser directement au préfet, qui est obligé
de les prendre en considération.

456. La loi du 8 mars 1810 porte (art. 10,
alinéa 2) que le préfet statuera *immédiatement*, et déterminera *définitivement* les points
sur lesquels seront dirigés les travaux.

Il ne faut pas prendre ces mots *immédiatement* à la rigueur : il est dans la règle, que
les bureaux de la préfecture se livrent à un
examen approfondi pour le soumettre au préfet,

que ce fonctionnaire lui-même examine mûrement la proposition.

Cela est d'autant plus nécessaire, qu'il statue, non sur l'application d'un projet d'utilité
publique, arrêté déjà par l'autorité supérieure,
mais d'un projet dont le mérite n'est pas encore préjugé ; et qu'il s'agit, d'une part, de grever les communes d'une dépense considérable ;
d'autre part, d'imposer à la propriété une expropriation toujours fâcheuse, et que la nécessité seule peut légitimer.

Si le préfet n'est pas assez éclairé, il peut
s'aider des lumières de ses auxiliaires ordinaires, les ingénieurs des ponts et chaussées ou
des mines, l'administration des domaines, en
un mot de tous ses subordonnés.

457. La loi de 1810 porte que le préfet statue
définitivement sur les points sur lesquels
seront dirigés les travaux. Dans l'application de
ce principe aux opérations autorisées par la loi
du 28 juillet 1824, il faut bien remarquer que
la décision du préfet n'est définitive qu'autant
que le projet n'excède pas pour la commune
une dépense de 3000 francs.

Autrement, il ne peut émettre qu'un avis ;
c'est le gouvernement qui statue par ordonnance, après que le comité de l'intérieur du

conseil d'état a délibéré dans la forme des règlements d'administration publique, quand
même il n'existerait ni difficultés ni opposition,
parcequ'il importe à l'état que l'on ne grève
pas les communes au-dessus de leurs forces,
même de leur consentement : le gouvernement conservant à cet égard l'entière tutelle
qui lui est attribuée par la loi sur les établissements d'utilité publique et sur les communes
réputées mineures.

Dans le cas même où la dépense n'excèderait
pas 3ooo francs, il peut y avoir appel au
ministre de l'arrêté du préfet, soit de la part
des propriétaires qui se prétendraient lésés dans
leurs droits de propriété, soit de la part de la
commune ou des communes intéressées, si
elles n'avaient pas voté les fonds, ou si le préfet
s'était écarté de leur vote.

Car, nous ne saurions trop le répéter, l'autorité administrative n'a pas le droit d'imposer
les communes; elle n'a que le droit de les forcer
à payer les dettes *légitimement contractées*,
ou en cas de discord entre plusieurs communes,
de statuer comme arbitre sur la part contribu-
tive des communes rénitentes.

458. Le recours dont nous venons de parler
n'appartiendrait pas aux particuliers qui n'au-

raient aucun droit personnel de propriété à défendre, et qui n'auraient adressé que des observations, soit au maire, soit à la commission,
soit au préfet lui-même; elles ne valent que
comme renseignements, et l'autorité administrative y a tel égard que de raison.

Or, quant à l'intérêt public, ces particuliers
sont représentés par le conseil de la commune,
ut universi. Il ne reste donc que l'action privée, *ut singuli*, à ceux dont les propriétés sont
engagées dans les limites du nouveau chemin.

L'ouverture ainsi régulièrement ordonnée, il
faut procéder à la dépossession à l'égard des
propriétaires sujets à l'expropriation.

Cette dépossession est volontaire ou forcée,
ainsi que nous l'expliquerons ci-après.

459. En Angleterre, voici comment l'on procède à l'ouverture de nouveaux chemins:

« Quand il sera constant, dit l'article 2 du
» statut de la cinquante-cinquième année du
» règne de George III (année 1815, ch. 68),
» d'après l'inspection de deux juges de paix ou
» plus, qu'une grande route publique, chemin
» pour les chevaux, ou pour les personnes à
» pied, peuvent recevoir une déviation qui les
» rapproche (de la ligne droite), et les rende
» plus commodes pour le public; si les proprié-

» taires des terrains et fonds, à travers les-
» quels doivent passer les routes et chemins
» dont l'établissement est proposé, donnaient
» à cet égard leur consentement par écrit, si-
» gné d'eux et muni de leur sceau, il sera per-
» mis en vertu d'un ordre desdits juges de paix
» assemblés à ce dessein spécial de détourner,
» faire dévier et boucher tel chemin de personne
» de pied, vendre et aliéner telle grande route
» ou chemin pour les chevaux, et d'acheter les
» fonds et terrains nécessaires et par les voies et
» moyens, sauf toute fois les exceptions et con-
» ditions requises à l'acte de la treizième année
» de George III, à l'égard des grandes routes
» qui doivent être élargies, ou recevoir une dé-
» viation ;... pourvu qu'un avis conçu dans la
» forme de la cédule annexée à cet acte soit
» affiché en caractères lisibles à l'endroit et du
» côté desdites grandes routes, chemins pour les
» chevaux ou pour personnes de pied, par lequel
» ils doivent être changés, recevoir une dévia-
» tion, ou être bouchés; et soit également in-
» séré dans un ou plusieurs papiers publics
» répandus ou généralement connus dans le
» comté où se trouvent les paroisses, juridic-
» tions ou autres endroits où gisent les grandes
» routes, chemins pour chevaux ou pour per-

» sonnes de pied , qui doivent être , selon le cas ,
» changés , recevoir une déviation , ou être in-
» terdits ; où , dans le cas où il n'y aurait point
» de gazette publiée et répandue dans le com-
» té , que l'insertion ait lieu , dans quelques ga-
» zettes publiées et répandues dans le comté le
» plus voisin , pendant trois semaines succes
» sives , après l'émanation dudit ordre ; et qu'un
» avis semblable soit affiché à la porte de l'église
» ou chapelle de chaque paroisse ou juridiction
» dans le ressort de laquelle se trouveront les-
» dites routes ou chemins , pendant trois di-
» manches à partir de l'émanation dudit ordre.
» Ces avis ainsi publiés, ledit ordre sera envoyé
» au greffier de paix, lors des assises , qui seront
» tenues dans le ressort desdites routes et che-
» mins. Après quatre semaines de la publication
» desdits avis, faite dans la forme ci-dessus pres-
» crite , ledit ordre sera confirmé aux assises ,
» et porté sur les registres par le greffier de
» paix. »

Ainsi dans la loi anglaise l'initiative appartient aux juges de paix , qui sont des officiers
d'administration autant que de justice , et il
faut que deux au moins se soient transportés
sur les lieux , et aient acquis la conviction de
l'utilité de l'ouverture du nouveau chemin.

Les juges de paix sont mis en action par le voyer qui est nommé dans une assemblée générale des propriétaires de chaque paroisse.

La même loi reconnaît trois classes de chemins, les grandes routes de comté, qui répondent à nos routes départementales, ou au moins aux grandes communications vicinales, les chemins pour chevaux, et les chemins de pied.

Les routes à barrières, ou routes particulières, sont exceptées de ces dispositions. (Art. 25, *ibid.*)

460. En appliquant ces dispositions à notre droit, les conseils municipaux requis de délibérer, en vertu d'autorisation du préfet, devront dans leur délibération s'expliquer sur la nature du chemin qu'il s'agit d'ouvrir ; si le chemin n'est nécessaire que pour les gens de pied, ils doivent l'expliquer et en fixer la largeur.

La loi anglaise prescrit de plus que la loi française l'insertion dans les journaux du comté : chez nous, comme il existe des journaux de cette espèce pour les publications judiciaires, il convient que les préfets la prescrivent, ou à défaut que les maires fassent d'office ces insertions aux frais de la commune.

Les formalités de publication ne peuvent avoir lieu en Angleterre que sur un ordre donné par l'assemblée des juges de paix du comté, sur le rapport des deux magistrats qui ont inspecté les lieux, ce qui répond chez nous à l'autorisation du préfet : le pouvoir n'est pas concentré dans la Grande-Bretagne comme chez nous.

Il n'y a pas de commission instituée pour donner son avis sur le *commodo*. Mais aux termes de l'art. 3 du statut de 1815, « Il est permis à » toute personne qui éprouvera de la lésion ou » du dommage par suite de l'ordre en vertu » d'une enquête faite en vertu d'un acte *ad* » *quod damnum*, de porter sa plainte par ap- » pel à la session du comté, en notifiant par écrit » cet appel, dix jours d'avance, au voyer de la » paroisse, et le faisant afficher à la porte de » l'église ou de la juridiction. La cour d'assises » statue définitivement sur cet appel après plai- » doirie. »

C'est-à-dire publiquement, tandis que chez nous tout se fait à huis clos.

Lorsque les appels ont été jugés, il est pris une mesure définitive (art. 4 du statut pré- cité), par l'assemblée des juges de paix réunis en session, dont la décision est chez nos voisins supérieure à celle des préfets; car il n'y a pas d'autre degré de juridiction. Chez nous, en matière d'administration, il en existe trois, le préfet, le ministre, et le conseil d'état.

461. L'art. 9 de la loi du 28 juillet 1824, qui donne aux communes limitrophes le droit de contraindre les communes rénitentes à participer aux frais des chemins, est-il applicable à l'ouverture de nouveaux chemins; en d'autres termes, par cela qu'une commune a besoin d'un débouché pour un chemin qu'elle a ouvert sur son territoire, peut-elle obliger les communes limitrophes à continuer ce chemin, et, en cas de discord, peut-elle invoquer la décision du préfet?

Nous ne le pensons pas : le principe de l'art. 9 est limitatif, puisqu'il tend à imposer sur les communautés des charges qu'elles ne peuvent ou ne veulent supporter, et à les imposer ainsi sans leur consentement, en transportant leur pouvoir au préfet et à son conseil.

L'art. 9 n'est fait évidemment que pour le cas où une commune se refuse à réparer un chemin déjà établi et qui est réellement à sa charge. Comme il s'agit d'une dette à acquitter, on conçoit que la loi ait dans ce cas donné le moyen de vaincre leur résistance ou leur incu-

43

rie. Il n'en est pas de même pour les chemins non ouverts ; il s'agit d'une dette nouvelle à contracter ; si la commune rénitente n'a pas les moyens d'y faire face, ou si elle juge que la communication nouvelle ne lui est pas indispensable, elle a sans doute le droit de s'y refuser ; la commune voisine n'a pas le droit de l'exiger. La loi nouvelle ne confère pas ce droit : et le deuxième alinéa de l'art. 10 : « seront aussi autorisés par les préfets, *dans les mêmes formes,* les travaux d'ouverture, etc. , » ne s'y applique pas ; les formes dont il s'agit ici étant celles du premier alinéa du même article , et non celles de l'art. 9.

§ 2. De l'ouverture des rues.

462. A l'égard des bourgs et villages, il n'existe pas de disposition législative pour l'ouverture des rues et des places ; l'alignement ne peut être donné que sur une voie déjà ouverte, et ne peut plus être, comme nous l'avons démontré, qu'une déclaration de limites. Dans tous les cas ce serait un moyen d'élargissement et non d'ouverture, les maires étant incompétents pour décider par voie de police sur les propriétés qui n'ont pas déjà le caractère de voie publique.

Mais, ainsi que nous l'avons démontré, la loi du 28 juillet 1824 s'applique aux rues des villages et des bourgs, dans tous les cas où il n'est pas statué d'une manière spéciale par la législation, parceque ces rues sont réellement des chemins publics.

D'ailleurs, par le droit commun, on peut toujours demander le sacrifice des propriétés privées, pour un travail d'utilité publique, et il était admis par la jurisprudence du conseil d'état que l'utilité communale est comprise dans l'utilité générale, et dans l'application de la loi du 8 mars 1810. (*Voy. Questions de droit administratif,* par M. de Cormenin, verbo *expropriation.*) Par conséquent, quand même la loi de juillet 1824 ne l'aurait pas dit, les maires des communes pourraient, après délibération des conseils municipaux, se faire autoriser par le gouvernement à ouvrir des rues ou des places. Seulement la loi nouvelle a fait du consentement du conseil municipal une condition absolue, excepté dans le cas où l'autorisation du préfet rentre dans la limite posée par l'art. 10. Ce que nous venons de dire ci-dessus, relativement aux chemins, s'applique donc aux rues des bourgs et des villages.

463. A l'égard des rues des villes, la loi de 1807

43.

a pourvu à leur ouverture par la levée du plan qui doit être dressé, discuté et homologué au conseil d'état, conformément à l'art. 52 déjà cité.

« Les terrains, dit l'art. 49, nécessaires pour » l'ouverture des *rues* ou *formation de places* et » autres travaux reconnus d'une utilité générale, » seront payés à leurs propriétaires, et à dire » d'experts, d'après leur valeur avant l'entre- » prise des travaux et sans nulle augmentation » du prix d'estimation. »

La loi de 1810 a introduit des formes spéciales pour opérer la dépossession, et pour la fixation et le paiement du prix : mais le principe fixé par l'art. 49 subsiste quant au fond du droit.

Seulement par suite du plan général ou de l'alignement donné, le propriétaire frappé de la servitude de la voie publique n'a droit à l'indemnité que pour la valeur du *terrain* délaissé (art. 30 de la loi précitée), sauf à profiter de la moitié de la plus value ou de cette plus value tout entière, si le gouvernement refuse à la commune le droit d'exiger la moitié. (Art. 31 de la même loi.)

Le propriétaire n'a le droit de forcer l'acquisition entière de sa maison que quand l'admi-

nistration a un besoin actuel de partie du sol.
(Art. 51 de la loi.)

464. Dans les villes dont les plans n'ont pas
encore été arrêtés par le gouvernement, selon
les formes de l'art. 52, les règlements déjà cités
ci-dessus portent que les alignements seront
donnés par les maires dans les villes, d'après
l'avis des ingénieurs, et sous l'approbation des
préfets, et qu'ils seront exécutés jusqu'à ce que
les plans généraux aient été arrêtés au conseil
d'état.

Dans le cas de nécessité, et si, ce qui arrivera
le plus souvent, la dépense excédait 3000 francs,
il faudrait se pourvoir dans les formes du
droit commun, provoquer une ordonnance,
et remplir les formalités établies par la loi du
8 mars 1810, combinée avec la loi du 28 juillet 1824.

S'il n'y avait pas urgence, il faudrait procéder conformément à l'art. 52 de la loi de
1807, et à l'alinéa deux du second article du
décret de 1808, avec d'autant plus de raison
que les délais accordés par la loi et successivement prorogés sont expirés depuis long-
temps.

« Les préfets, dit cet article, auront à les
» proposer d'après les avis des conseils munici-

» paux ; lorsqu'ils seront approuvés, les construc-
» tions à faire sur les alignements fixés ne
» pourront être entreprises dans les rues *an-*
» *ciennes* que quand les propriétaires feront
» abattre leurs maisons, ou bien y seront con-
» traints par la caducité des bâtiments ; pour
» les rues *nouvelles*, que lorsque les villes au-
» ront les moyens d'acquérir les terrains sur les-
» quels ces rues sont ouvertes (1). »

465. L'approbation des plans par le roi, dit
Fleurigeon, d'après des circulaires administratives (*Code de la voirie*, p. 226), sur l'avis du
conseil d'état, renferme nécessairement la décision affirmative sur la question relative à l'u-
tilité publique.

Cette opinion nous paraît exacte. Nous voyons
par une ordonnance du 13 janvier 1819, relative à la ville d'Orléans (2), qu'indépendamment de la délibération du conseil municipal,
le plan de la ville fut affiché ; que les oppositions furent admises, et transmises au ministère
de l'intérieur ; il n'est pas question, dans cette

(1) C'est à quoi la ville d'Orléans voulait se soustraire ;
mais *voyez* l'ordonnance de février 1825, *Supplément au
Bulletin des lois.*

(2) Voyez-en le texte au *Supplément au Bulletin des lois,*
1824, p. 107.

ordonnance, du rapport de la commission instituée par la loi du 8 mars 1810; mais il a eu lieu.

La ville d'Orléans ayant, en 1825, voulu obtenir une extension à la largeur de la rue Sainte-Croix, une modification au plan arrêté par l'ordonnance de 1819 a rempli exactement, comme elle le devait, toutes ces formalités : la commission a fait un rapport très détaillé sur les diverses oppositions; le préfet n'a pas pris d'arrêté, mais il a consigné son avis dans une lettre adressée au ministre de l'intérieur. Ainsi il est reconnu que, pour parvenir à l'ouverture de nouvelles rues dans les villes, on regarde la loi du 8 mars 1810 comme interprétative de l'art. 52 de celle de 1807, et du décret de 1808; ce qui se concilie parfaitement avec l'art. 10 de la loi du 28 juillet 1824.

466. Seulement nous pensons que les villes pourraient s'autoriser de cette nouvelle loi pour faire, de la délibération et du consentement du conseil municipal, la condition *sine qua non* de l'arrêté des plans généraux d'alignement, ainsi que l'adjonction au préfet des conseillers de préfecture; car les villes sont des communes, et leurs rues sont de véritables chemins.

S'il était possible que l'ouverture d'une rue nouvelle, par la cession des propriétaires, ne coûtât que 3ooo fr. , on pourrait se passer de l'approbation du gouvernement.

Du reste il faut remarquer que l'intervention du gouvernement est nécessaire , non pas seulement lorsque chaque acquisition excède la somme de 3ooo fr. , mais aussi lorsque la dépense totale l'excèderait ; car le deuxième alinéa de l'art. 10 de la loi du 28 juillet parle en général des travaux d'*ouverture* ou d'élargissement.

467. Il existe pour la ville de Paris une législation particulière , dans la déclaration du 10 avril 1783 , dont l'art. premier porte « que les rues nouvelles à Paris ne pourront être ouvertes qu'en vertu de lettres patentes. » Ces lettres patentes , comme on l'a vu dans la partie historique, étaient précédées d'enquêtes *de commodo et incommodo ;* par le moyen de ces enquêtes , qui doivent être précédées d'affiches, l'utilité publique est suffisamment constatée , ou du moins le gouvernement est à portée de prononcer en connaissance de cause. Si les enquêtes n'avaient pas lieu , les propriétaires intéressés auraient le droit de former opposition à l'ordonnance d'autorisation ,

et de débattre leurs droits comme entiers.

468. Avant la révolution, ces lettres patentes étaient soumises à l'enregistrement des parlements, et souvent ces corps ordonnaient la mise en cause ou la communication aux parties intéressées. Aujourd'hui que ces formes sont abolies, le gouvernement seul statue à huis clos en conseil d'état sur la question d'utilité publique ; mais nous ne doutons pas que si le comité du conseil qui est chargé de cette opération ne voyait pas que les formalités d'affiche et enquête eussent été remplies selon le mode indiqué par la loi de 1810, il n'ordonnât avant faire droit un supplément d'instruction. Cependant cette forme n'est pas rigoureusement établie par la loi ; et comme les rues de Paris appartiennent à la grande voirie, on prétendrait sans doute qu'il en est de l'ouverture de ces rues comme des grandes routes, ou des routes départementales, c'est-à-dire que l'enquête *de commodo et incommmodo*, n'est pas indispensable. (Art. 4, 18 et 19 du décret du 16 décembre 1811.)

Néanmoins, dans l'usage, cette enquête a lieu, à Paris, ainsi que les affiches, et des délais sont accordés aux propriétaires pour manifester leurs oppositions : preuve que si les rues de Paris sont

44

assimilées aux parties de la grande voirie , l'as-
similation n'est pas parfaite , et qu'on suit à
leur égard les principes du droit commun.

SECTION II.

DE L'ÉLARGISSEMENT DES CHEMINS ET DES RUES.

§ 1. Des chemins.

469. L'art. 10, alinéa 2, de la loi du 28 juillet
1824 , dit que, pour l'*élargissement* des chemins, il sera procédé comme pour l'*ouverture*,
c'est-à-dire que le plan dressé par le maire sera
soumis au préfet, et renvoyé par celui - ci au
conseil municipal.

Ce conseil aura alors à délibérer sur la largeur de ces chemins.

Y a t-il aujourd'hui dans nos lois quelques
dispositions impératives sur ce point, ou ne
sont - elles pas facultatives ?

L'art. 6 de la loi du 28 février 1805 fixait
cette largeur au maximum de 18 pieds : elle
pouvait être moindre ; mais le préfet seul décidait
à cet égard ; il y avait même une disposition
qui défendait aux préfets de réduire la largeur
lorsqu'elle excédait 6 mètres. On a vu dans la
partie historique combien cette largeur va-

riait dans les pays de coutume ; la loi ro-
maine, relative aux *servitudes* de voie, chemin et sentier, ne s'applique à la matière qui
nous occupe qu'indirectement.

Chez les Anglais, on distingue trois sortes de
chemins à la charge des paroisses ; les grandes
routes, dont la largeur doit être de vingt pieds
au moins et de trente au plus (art. 15 et 16 du
statut de 1773), et qui correspondent à nos
routes départementales; les chemins pour chevaux, dont la largeur doit avoir huit pieds au
moins (art. 15, *ibid.*) : ce sont les chemins de
traverse définis par l'arrêt du conseil du 28
avril 1671.

470. Ceux-ci suffiraient sans doute pour les
simples communications rurales, en ménageant
toutefois des espaces libres pour le passage des
voitures (1), lorsqu'elles se rencontrent en sens
opposé dans la route.

La largeur des communications entre les
communes pourra être portée au double, c'est-
à-dire à peu près à dix-huit pieds.

Quant aux chemins de pied, la loi anglaise

---

(1) Il existe des retraites de cette espèce dans plusieurs
localités, notamment aux accès des forges d'Ivoy, arrondissement de Sancerre (Cher).

44.

n'en fixe pas la largeur; elle peut être de trois ou six pieds, selon les convenances.

471. On a dit et répété dans les deux chambres que l'art. 6 de la loi de 1805 continuerait de servir de règle. Voici comment l'instruction ministérielle du mois d'octobre 1824 s'exprime à cet égard :

« La nouvelle loi ne parle pas de la largeur » des chemins, parceque la loi du 28 fé- » vrier 1805 (9 ventôse an XIII) y avait déjà » pourvu, et posé des règles générales, en lais- » sant aux règlements, aux usages, aux conve- » nances de chaque localité, une latitude suffi- » sante. »

Sans doute plusieurs préfets interprèteront la circulaire en ce sens, que les communes pour- ront user de la latitude qui leur est donnée en dedans des dix-huit pieds, mais qu'il ne leur sera pas loisible d'excéder cette largeur par des élargissements.

Mais les préfets ne pouvant rien statuer au- jourd'hui sur la largeur des chemins vicinaux, sans le consentement des conseils municipaux, il en résulte que la règle posée en l'art. 6 de la loi de 1805 n'est plus obligatoire.

Les conseils municipaux dans cette fixation ne doivent consulter que l'intérêt local. Un chemin étroit est plus facile à réparer que ces larges chemins, d'ordinaire si mal entretenus.

472. Malgré les dispositions de la loi de 1805, qui défendait aux préfets de réduire la largeur des chemins excédant dix-huit pieds, nous croyons qu'aujourd'hui les communes auraient le droit de supprimer et rendre à l'agriculture tout ce qu'elles trouveraient d'excessif dans la largeur de leurs chemins.

473. Dans le cas contraire où une commune voudrait porter un chemin au-delà de la largeur fixée par l'art. 6 de la loi de 1805, pourrait-on invoquer cette loi, comme une règle absolument prohibitive, comme elle l'était avant la promulgation de celle du 28 juillet 1824 ? Nous ne le croyons pas. Nous pensons qu'elle ne peut plus être invoquée que comme raison écrite, et que si la commune présentait à l'autorité des motifs graves d'utilité publique pour excéder cette largeur, on devrait passer outre, malgré la résistance des riverains ou du préfet.

Toutes les fois que l'utilité publique est constatée, les propriétaires intéressés doivent en subir la loi et se soumettre. Leur droit est converti en indemnité; il suffit que cette indemnité soit suffisante. L'utilité publique doit l'emporter sur la limite qu'avait, assez mal à propos, fixée à dix-huit pieds, la loi de 1805, sans égard aux localités ou aux usages.

Dans tous les cas, ce sont les particuliers qui seraient les plus fondés à s'appuyer contre l'intérêt public, de l'art. 6 de la loi du 9 ventôse an XIII, et non les préfets, qui, selon la recommandation du ministre, doivent s'en rapporter aux conseils municipaux sur les convenances de localité.

§ 2. Elargissement des rues.

474. Si cette latitude doit être laissée pour les chemins, à plus forte raison doit-elle l'être pour les rues des bourgs et des villages.

A Paris, le *minimum* de la largeur des rues a été fixé par la déclaration royale du 10 avril 1783, à trente pieds; l'ordonnance du 25 août 1784, suppose qu'il en existe de vingt-quatre pieds et au-dessous; mais l'art. 1er de l'édit de 1783, veut qu'elles soient successivement *élargies* à mesure de la reconstruction des maisons.

Dans les grandes villes, la largeur des rues n'intéresse pas seulement la facilité des communications, elle est commandée aussi par la salubrité publique, proportionnellement à la plus ou moins grande élévation des maisons.

Cependant il n'existe de disposition législative spéciale que pour Paris; à l'égard des autres villes, la disposition de la loi de 1807 relative aux plans généraux, donne le moyen de fixer cette largeur selon les convenances et l'utilité publique; il n'y a pas de fixation uniforme; l'élargissement a lieu à mesure que les maisons tombent de vétusté, conformément à ces plans, à moins que les villes ne devancent le terme en les achetant.

475. A l'égard des rues des bourgs et des villages aucune règle fixe n'est établie; on a demandé si la disposition de l'art. 6 de la loi de 1805, relatif à la largeur des chemins vicinaux, leur était applicable. M. Davenne (p. 215), est d'avis de la négative, par la raison qu'une largeur légalement limitative de dix-huit pieds serait souvent insuffisante, et qu'elle n'a pas été faite en vue des rues proprement dites, avec lesquelles les chemins ne doivent pas être, au moins en ce point, confondus.

Nous ne sommes pas de cet avis; nous croyons que l'autorité locale ne peut, dans la fixation de cette largeur, être arrêtée que par l'utilité publique, et que le gouvernement ou le préfet, s'il ne s'agit que d'une dépense de 3000 francs, est seul juge, vis-à-vis des propriétaires refusants, de l'étendue exigée par cette utilité.

Du reste, nous ne croyons pas, ainsi que nous l'avons déjà expliqué, qu'on puisse arriver à cet élargissement, seulement par voie d'alignement, puisque l'alignement n'est réellement que la déclaration des limites actuelles : s'il s'agit d'œuvre nouvelle, il faut procéder dans les formes établies par la nouvelle loi, pour l'ouverture de la voie publique, et pour les acquisitions.

SECTION III.

DU RÉTRÉCISSEMENT DES CHEMINS ET DES RUES.

476. Il y avait à cet égard une disposition prohibitive, dans l'art. 6 de la loi de 1805 à l'égard des chemins vicinaux quand ils excédaient dix-huit pieds ; à l'égard des rues de Paris, dans l'art. 1er de la déclaration du roi du 10 avril 1783, pour celles excédant trente pieds ; à l'égard des routes de première, deuxième, troisième et même de quatrième classe, dans l'art. 10 de l'arrêt du conseil du 6 février 1776, pour celles excédant quarante-quatre, trente-six, trente ou vingt-quatre pieds.

Mais aujourd'hui ces prohibitions n'existent plus, au moins à l'égard des voies commu-

nales; du moment que les conseils municipaux
ont droit de voter la suppression de leurs chemins, ils ont à plus forte raison celui d'en voter
le rétrécissement. Il est beaucoup de localités
où les chemins ont une largeur excessive : c'est
autant de terrain perdu pour l'agriculture,
qui augmente d'ailleurs les dépenses d'entretien.

Il en serait de même pour les rues de Paris,
et pour les routes royales et départementales.
Si l'autorité supérieure en effet croyait devoir
les rétrécir et rendre à l'agriculture ou à la circulation, des terrains inutiles, qui aurait le
droit de s'en plaindre ou de l'attaquer d'illégalité? Les riverains ne pourraient adresser que
des représentations fondées sur l'utilité publique; ils n'auraient pas *droit* de s'y opposer formellement.

477. Quant aux chemins communaux, on doit,
dans les cas où il y a lieu à rétrécissement,
remplir les formalités ci-dessus indiquées pour
l'élargissement.

Les préfets seront généralement peu disposés à accorder ces rétrécissements, parceque
les communications vicinales s'embranchent
souvent dans les routes départementales et
royales.

Mais les corps municipaux obtiendront, à force de persévérance et de fermeté, que l'on ait égard à leurs votes, s'il est constaté que leurs chemins peuvent être rétrécis sans inconvénient pour la commune. Ils pourront même et devront refuser d'entretenir la portion inutile. Mais alors aussi on pourra faire intervenir, conformément à l'art. 9 de la loi de 1824, les communes qui auraient intérêt à s'opposer au rétrécissement; dans ce cas le préfet prononcerait administrativement comme arbitre.

S'il ne s'agissait que de l'intérêt d'une seule commune, nous ne pensons pas que le préfet pût s'opposer au rétrécissement à cause de la prohibition portée en la loi de 1805, parceque cette disposition nous paraît abrogée et inconciliable avec les droits conférés par la législation nouvelle aux corps municipaux.

Au surplus, ce serait le gouvernement qui prononcerait sur cette difficulté.

On pourra toujours dire au préfet, que s'il juge la communication utile à l'état ou au département, il est de son devoir de provoquer un classement d'un degré supérieur.

SECTION IV.

DE LA SUPPRESSION DES CHEMINS ET DES RUES.

§ 1. Des chemins.

478. L'arrêté du directoire du 23 messidor an v (11 juillet 1797), motivé à peu près sur les mêmes considérations que l'arrêt du conseil du 6 février 1776, porte, art. 3 :

« Elle (l'administration centrale du dépar
» tement) désignera ceux des chemins qui, à
» raison de leur utilité, doivent être conservés,
» et *prononcera* la suppression de ceux reconnus
» inutiles.

» Art. 4. L'emplacement de ces derniers sera
» rendu à l'agriculture. »

Sous l'empire de ce règlement, les communes n'avaient qualité ni pour supprimer ni pour conserver ; l'administration départementale (aujourd'hui le préfet) était l'autorité désignée pour prononcer. Sans doute, avant de statuer, elle devait écouter les parties intéressées, et consulter les conseils municipaux ; mais elle n'était pas tenue d'obtenir leur assentiment ; et la suppression était légalement ordonnée de leur seule autorité, sauf le recours au gouvernement, soit de la part des communes, soit de la part des parties qui se croyaient lésées.

479. On a vu dans la partie historique, qu'autrefois ces suppressions étaient prononcées par l'autorité du roi et du gouvernement; mais à l'égard des rues des villes ou des terres de son domaine, ou de sa seigneurie, et non dans les terres des seigneurs : ceux-ci, comme hauts justiciers, ayant le droit de police, et même la propriété des chemins, pouvaient supprimer ou créer à volonté, sauf le recours des communes à l'autorité du roi; recours qui devait rarement réussir, à moins que la question n'intéressât de quelque côté les routes royales de première, seconde ou troisième classe.

On voit qu'avant la révolution le conseil d'état ne procédait pas à cette suppression sans s'être assuré par une enquête *de commodo et incommodo,* des motifs qui pouvaient militer pour ou contre la mesure.

L'arrêté de 1797 n'exigeait pas cette enquête; mais elle devait avoir lieu.

La loi du 28 février 1805 ne s'en explique pas non plus ; mais cette loi ne statue rien sur la suppression entière des chemins, et à l'égard d'une suppression partielle, bien loin de l'autoriser, la loi (art. 6) défendait aux préfets de rien diminuer de la largeur des chemins, même de ceux excédant le *maximum* de dix-huit pieds.

480. La loi du 28 juillet 1824 ne décide rien directement sur les suppressions; mais il résulte de la combinaison de plusieurs de ses dispositions, d'importantes modifications au droit antérieur.

1° L'art. 1er exige, pour la conservation d'un chemin, qu'il soit reconnu nécessaire, non seulement par le préfet, mais aussi par le conseil municipal intéressé.

Par la raison contraire, et une fois classé, le préfet ne peut plus le supprimer sans le consentement de la commune; et la commune ne peut procéder à cette suppression sans l'approbation du préfet, parceque, d'une part, le préfet, d'après les observations qui lui sont soumises par les particuliers intéressés, peut avoir de graves motifs pour s'y opposer, ou d'en référer au gouvernement.

Et parceque, d'autre part, d'autres communes, et même la voirie départementale ou royale, peuvent se trouver intéressées dans la suppression.

481. Si la voirie départementale ou royale était seule intéressée, la commune pourrait sans

doute demander que le chemin en litige soit pris par le département ou par l'état à sa charge, et refuser de le réparer; mais, dans le cas où plusieurs communes sont intéressées, ou elles sont d'accord sur la suppression, et alors cette suppression est forcée, le préfet doit se borner à constater la régularité des délibérations et à homologuer.

Ou elles sont en discord, et alors le préfet prononce comme juge, en conseil de préfecture, sur les motifs allégués de part et d'autre.

Alors sa décision suffit, si elle n'est attaquée, par aucune des communes.

Si elle l'est, l'autorité administrative supérieure prononce.

Dans tous les cas, d'après l'art. 10 de notre loi, aucune suppression ne peut avoir lieu sans une enquête préalablé *de commodo et incommodo*, dans laquelle enquête seront entendus tous ceux qui auront des observations à fournir.

482. Nous disons que cette formalité est indispensable; en effet, la conséquence de la suppression est la vente du terrain ayant fait partie de la voie publique.

Or aucune vente de cette espèce ne peut avoir lieu valablement qu'après cette enquête, délibération des conseils municipaux intéressés, et arrêté pris en conseil de préfecture : c'est la disposition formelle de l'art. 10 de la loi de juillet 1824.

Si même l'objet excédait trois mille francs, l'arrêté de la préfecture ne serait qu'un avis; il devrait être converti en ordonnance royale, après délibération du conseil d'état, rendue sur le rapport du ministre de l'intérieur.

Souvent il arrivera qu'un chemin sera supprimé pour être remplacé par un autre, et alors le terrain rendu libre pourra être donné en échange à ceux dont on prendra le terrain. Dans ce cas les formalités sont les mêmes; on retombe dans l'application de l'art. 10 de notre loi de 1824, puisque cet article parle aussi des *échanges*.

Nous avons fait remarquer ailleurs l'effet des arrêtés de suppression pris régulièrement, c'est de faire rentrer dans le commerce les terrains ayant servi à la voie publique, et de les rendre prescriptibles.

483. La pratique de l'Angleterre sur la suppression des chemins est à peu près la même que pour l'ouverture de nouvelles routes, ou pour leur élargissement.

« Quand il sera constant, dit l'art. 2 du

» statut de la cinquante-cinquième année de
» George III, chap. LXVIII (1815), d'après l'in-
» spection de deux juges de paix ou plus, qu'une
» grande route publique, chemin pour les che-
» vaux ou pour les personnes de pied, peut
» recevoir une déviation qui la rapproche et
» la rende plus commode pour le public.....
» il sera permis, en vertu d'un ordre desdits
» juges de paix, assemblés en session spéciale,
» de boucher tel chemin....., vendre et aliéner
» telle grande route ou chemin pour les che-
» vaux..... ; mais la somme que produirait une
» telle vente.... sera payée aux voyers pour être
» employée aux chemins de remplacement ou
» aux réparations des routes, chemins, etc.,
» de la paroisse.

» Après quatre semaines de la publication
» desdits avis, faite dans la forme ci-dessus
» prescrite, ledit ordre sera confirmé aux assi-
» ses et porté sur les registres par le greffier
» de paix. »

Par l'art. 3, il est permis « à toute per-
» sonne qui éprouvera de la lésion ou du
» dommage par suite d'une telle mesure, en
» vertu d'une enquête faite en vertu d'un acte
» *ad quod damnum*, de porter sa plainte en
» conséquence par appel aux juges de paix as-

» semblés aux assises, en notifiant par écrit cet
» appel dix jours d'avance au voyer de la pa-
» roisse ,. . . . et aussi en affichant cette notifi-
» cation à la porte de l'église ; et ladite cour est
» autorisée à entendre les plaidoiries, et à pro-
» noncer définitivement sur un pareil appel. »

484. Par l'art. 4 il est dit que s'il n'y a pas
d'appel, ou s'il est rejeté, les clôtures seront
faites et les chemins interdits , s'ils sont supprimés comme inutiles ; mais s'ils sont remplacés , la fermeture n'en pourra avoir lieu qu'a-
près que deux juges de paix en auront délivré
certificat au greffier de paix , et que ce certificat aura été inséré sur les registres de la cour
d'assises.

Les dispositions de ce statut ne doivent point
recevoir d'effet rétroactif; en conséquence ,
par l'art. 5, toutes suppressions ou changements précédemment ordonnés en vertu des
lois sont maintenus.

Ce principe de non rétroactivité est applicable à notre droit français.

Tout ce qui a été fait antérieurement à la loi
de 1824 , conformément aux lois antérieures ,
doit être maintenu.

45

§ 2. De la suppression des rues des villes, bourgs et villages.

485. Cette suppression sera sans doute rarement prononcée; car une fois la rue ouverte et la dépense faite, il ne peut guère y avoir de motifs de procéder à cette suppression.

Cependant, si l'intérêt de l'agriculture n'y est pour rien, la sûreté publique peut y être intéressée, soit parceque ces rues serviraient de refuge aux malfaiteurs, soit parcequ'elles seraient malsaines, et que l'on ne voudrait pas faire les dépenses d'un élargissement.

Dans un cas de suppression, il importe que les propriétaires de maisons soient bien avertis et mis en demeure de présenter leurs observations.

Il a été jugé que l'on devait indemnité pour le préjudice causé aux habitans par des excavations ou remblais sur la voie publique. La suppression d'une rue peut causer un préjudice bien plus notable : il faut donc avant de prononcer la suppression que l'on puisse en calculer l'étendue.

Les formalités de suppression sont les mêmes que pour une ouverture ou élargissement. Dans les villes, il ne peut y être statué que par une ordonnance ou règlement d'administration publique, puisque le plan de ces villes est arrêté dans cette forme; dans les villages et les bourgs, au contraire, il pourra y être procédé sous la seule approbation du préfet, si la dépense entière ne dépasse pas 3ooo fr.

On demande si, dans cette dépense, il faut comprendre les indemnités qui seraient dues aux propriétés ayant issue sur la voie publique; si même le principe de cette indemnité est décrété par nos lois,

486. Il n'existe à notre connaissance aucune disposition législative qui donne aux propriétaires riverains de la voie publique un droit absolu de s'opposer à la suppression. Sans doute tant que cette voie publique existe ils ont droit de s'en servir; sans doute encore si, par des travaux publics, on nuit au droit d'issue qu'ils ont sur la voie publique, on leur doit une indemnité; mais s'ensuit-il, si la voie publique n'est profitable qu'à quelques uns et non à la généralité des habitants, que l'on ne puisse la supprimer? En d'autres termes, une fois la voie publique formée, les propriétaires riverains acquièrent-ils sur elle un droit tel qu'ils puissent se plaindre de cette suppression comme d'un tort réparable,

45.

L'équité semble d'abord parler en faveur de
ces propriétaires, et toutes les fois qu'il s'agira
de s'entendre de gré à gré, elle devra être prise
en grande considération ; mais y a-t-il droit absolu, droit tel que la commune doive une indemnité ?

On peut dire pour le propriétaire que s'il a
subi les conséquences du principe qui oblige à
consentir le sacrifice de sa propriété privée,
en faveur de l'intérêt général, il doit, en
échange, avoir au moins un droit d'usage de
cette chose devenue commune, et même d'exiger que la voie publique conserve sa destination.

Mais on répondra : 1° que le chemin, ou la
voie publique, a pu être fait, sans que le riverain qui réclame l'indemnité ait rien fourni,
ait subi aucune expropriation ; 2° que pour
qu'il ait un droit de servitude (car on ne peut
pas aller jusqu'à supposer un droit de copro-
priété), il faudrait qu'il fût accordé par la
loi ; qu'aucune disposition législative n'a établi
au profit des riverains un autre droit que celui qui appartient à tout le monde ; qu'ainsi
lorsque le chemin est supprimé comme inutile à la communauté, il ne peut s'en plaindre
comme de la violation d'un droit absolu ; que

les chemins ont une destination non limitée sans doute, mais non perpétuelle; qu'ils peuvent être supprimés dans les mêmes formes et par les motifs qui les ont fait établir. (*Nihil tam naturale est quam eo genere quidque dissolveré, quo colligatum est.* Dig. loi 35, *De regulis juris.*)

Dans ce système on renverrait le riverain, si sa propriété était enclose, à réclamer un droit de passage et à payer lui-même une indemnité. Si donc la commune vendait le terrain, il pourrait revendiquer de l'acquéreur le droit d'issue.

487. Quant à nous, nous estimons que le propriétaire a un droit plus étendu; si ce droit n'est pas garanti par une disposition expresse de la loi, il nous paraît suffisamment résulter de l'art. 30 de celle du 16 septembre 1807.

Cette loi soumet toutes les propriétés riveraines d'une rue ou d'une place nouvellement ouverte, à payer une plus value, si elles en ont éprouvé une augmentation de valeur.

Dans le cas où cette indemnité aurait été payée, on demande comment il serait possible d'admettre que la moins value résultant de la suppression de la voie publique, ne donnât pas lieu à une demande d'indemnité contre la commune?

Si une indemnité n'a pas été payée, c'est apparemment parceque la commune y a volontairement renoncé, ou parceque le gouvernement n'aura pas voulu l'imposer, selon la faculté qui lui en est laissée par l'art. 32 de la loi, mais le principe du droit est le même.

La loi d'ailleurs est formelle pour le cas d'*ouverture* de rues et de places, et pour tous les travaux *communaux;* elle s'applique donc parfaitement au cas de suppression.

La jurisprudence ministérielle attestée par M. Davenne, p. 126, est conforme à ce que nous venons d'établir, relativement à la suppression des villes ou des places.

Nous reviendrons ailleurs sur ce point, qui est important, en parlant des servitudes sur la voie publique.

SECTION V.

DE LA CLÔTURE MOMENTANÉE DES CHEMINS ET DES RUES, OU DES BARRIÈRES DE DÉGEL.

488. Une ordonnance royale du 12 novembre 1720, confirmée par un arrêt du conseil du 22 novembre 1735, a autorisé la clôture momentanée des chemins, pendant la mauvaise saison, au moyen de pieux et barrières ; c'est

ce qu'on appelle aujourd'hui barrières de dégel.

Une ordonnance royale du 25 décembre 1816,
motivée sur l'art. 6 (1) de la loi du 29 floréal an x,
relatif au poids des voitures de roulage et mes-
sageries, a autorisé l'interruption momentanée,
pendant le dégel , de la circulation de certaines classes de voitures, même sur les routes
pavées ; elle punit d'une amende les contrevenants aux prohibitions administratives établies à cet égard par les préfets.

On demande si l'art. 6 de cette loi est applicable aux chemins vicinaux et aux rues des villes,
bourgs et villages.

Sans doute il ne s'y applique pas de plein
droit ; mais comme , d'après la loi du 24 avril
1790 , les objets confiés à la vigilance et à
l'autorité des corps municipaux , sont tout ce
qui intéresse *la sûreté et la commodité* du passage dans les rues , quais , places et voies publiques , il est difficile au premier abord de se
refuser à reconnaître dans les maires le droit
d'interdire momentanément le passage dans les
rues et dans les chemins.

(1) Il est ainsi conçu :
« Le roulage pourra être momentanément suspendu,
» pendant les jours de dégel, sur les chaussées pavées, d'a-
» près l'ordonnance des préfets de départements. »

S'il y avait abus, on pourrait se pourvoir devant leurs supérieurs pour faire rapporter ces arrêtés.

Examinons pourtant :

489. Les barrières de dégel n'ont pas pour objet immédiat d'assurer la commodité du passage dans les rues et voies publiques, mais seulement de préserver ces voies publiques d'une pression qui peut les détériorer et rendre par conséquent des réparations nécessaires.

Quant à la *sûreté* de la voie publique, les barrières de dégel n'y pourvoient d'aucune façon, mais elles sont encore plus éloignées d'y nuire.

D'un autre côté, les chemins vicinaux n'étant pas pavés pour la plupart, ce serait prodigieusement gêner la circulation que de l'interdire ainsi sous prétexte de dégel ; car on le pourrait également sous prétexte qu'elles seraient dégradées.

Si elles sont dégradées, dira-t-on aux communes, réparez-les ; si vous ne faites pas les réparations, les personnes intéressées ont le droit de déclore.

Le droit de suspendre ainsi la circulation sous prétexte de détérioration de la voie publique, serait, comme on voit, destructif du droit de déclore, établi par la loi de 1791, et on pourrait fréquemment en abuser.

En fait, l'usage des barrières de dégel n'est point pratiqué dans les rues des villes, ni dans les chemins vicinaux.

Nous croyons qu'on pourrait en contester sérieusement l'établissement, et soutenir que par des arrêtés suspensifs de la circulation pour cause de dégel, les maires sortiraient du cercle qui leur est tracé par la loi de 1790.

490. Il n'y a qu'un cas où les rues et les chemins peuvent être fermés momentanément, c'est quand la sûreté du passant ou du voyageur serait compromise : ceci rentre dans le droit de pourvoir à la *sûreté.*

Une ordonnance de police du 26 août 1816 (Davenne, p. 353) défendit à Paris d'établir des barrières sur les boulevards, si ce n'est pour cause de *salubrité publique;* nous ne concevons pas trop en quoi la salubrité pouvait être intéressée dans la question, si ce n'est pour empêcher peut être les dépôts d'ordure le long des maisons. Mais au reste cette ordonnance est étrangère à la circulation de la voie publique.

Nous reviendrons dans le troisième livre sur cette matière en traitant des règlements de police.

46

CHAPITRE VI.

DE LA PROPRIÉTÉ DES FOSSÉS, DES HAIES ET DES ARBRES, RELATIVEMENT AUX CHEMINS.

Après avoir parlé en détail de la propriété de la voie publique, des classements et alignements, il faut parler des accessoires de cette nature de propriété, et spécialement de ce qui concerne les chemins vicinaux. Nous renverrons à un autre chapitre ce qui concerne les accessoires de la propriété des rues.

SECTION Ire.

DES FOSSÉS DES CHEMINS.

491. Les chemins vicinaux n'ont pas, comme la plupart des grandes routes, des fossés d'écoulement pour les eaux ; comme c'est un moyen de dessécher la voie publique, et d'en assurer la viabilité, surtout dans la mauvaise saison, les corps municipaux auront à délibérer s'il ne conviendrait pas d'en établir partout où la pente naturelle n'en dispense pas. (Les propriétés riveraines ne sont assujetties à recevoir les eaux des chemins qu'autant que le sol de ceux-ci domine

naturellement ces héritages, c'est-à-dire lorsque le sol n'a pas été exhaussé par artifice ou
ouvrage de main. C'est ce que nous établirons
ailleurs en parlant des servitudes.)

La circulaire du mois d'octobre 1824 dit
qu'on a voulu laisser aux communes toute latitude à cet égard.

« Si l'on n'envisageait que les chemins en
» eux-mêmes, dit-elle, il serait désirable que
» tous eussent des fossés suffisamment larges et
» profonds, mais ce n'est là qu'un côté de la
» question ; il faut voir aussi les dépenses qui en
» résulteraient pour les communes et pour les
» riverains, les pertes qu'on occasionerait à l'a-
» griculture, dans les contrées où le terrain est
» assez précieux pour qu'on doive éviter tout
» sacrifice non obligé, voir les difficultés qu'on
» trouverait dans le sol, apprécier enfin les né-
» cessités de ce genre, selon chaque pays et
» chaque communication. »

492. Il paraît qu'en Angleterre il n'y a de fossés que pour les routes proprement dites, et non
pour les chemins de pied, ou chemins pour
voitures ; on se contente à leur égard d'ordonner
des tranchées ou de simples saignées.

Par le statut de 1773, art. 8, il est dit :

« Que des fossés, tranchées, et cours d'eau,

46.

» d'une profondeur et largeur suffisantes pour
» conserver l'eau des grands chemins, et l'en
» faire sortir, soient pratiqués, curés, nettoyés,
» et tenus ouverts, et qu'il soit construit des
» tuyaux, conduits, saignées ou ponts, où les
» chemins de voitures, de chevaux et de gens
» de pied mènent desdites grandes routes dans
» les terres ou fonds adjacents.

» Celui ou ceux qui tiendront quelques terres
» ou fonds adjacents à la route, à travers laquelle
» ladite route a coutume de passer, doivent,
» aussi souvent que l'occasion l'exigera, ouvrir,
» nettoyer et curer les fossés, conduits ou tran-
» chées, pour que l'eau puisse s'écouler sans
» obstacle : tout individu pris en défaut après
» dix jours de la notification par le voyer sera
» passible d'une amende de dix shellings pour
» chaque contravention. »

493. La même charge a été imposée en France
aux propriétaires riverains des grandes routes
par diverses lois, notamment par arrêt du conseil du 3 mai 1720, et par les art. 109 et 110 du
décret du 16 décembre 1811 ; mais l'administration est convenue qu'elle n'avait jamais pu
obtenir l'exécution d'un décret qui usurpait sur
les droits de la puissance législative, d'autant
plus évidemment que l'art. 2 de la loi du 28 fé-

vrier 1805 laissait, comme de droit, l'entretien de ces fossés à la charge du budget des ponts
et chaussées.

L'art. 3 du projet de loi du 18 juin 1824
sanctionne et légitime la résistance des riverains,
en proposant de remettre en vigueur le principe
de la loi de 1805. Le seul fait de la présentation de ce projet (1) nous paraît une déclaration suffisante de l'illégalité du décret ; et nous
pensons que les propriétaires sont fondés à se
refuser à une pareille charge, qui ne laisserait
pas que d'être assez onéreuse.

494. Du reste, le principe d'entretien dont
il s'agit n'a été appliqué par aucune disposition législative aux fossés des chemins communaux ; par conséquent ceux-ci sont restés
dans le droit commun, c'est-à-dire que les communes doivent curer et entretenir seules les
fossés des chemins, comme les chemins eux-
mêmes, à moins qu'il n'y ait mitoyenneté.

« Tous fossés entre des *héritages* sont présu-
» més mitoyens, s'il n'y a titre ou marque du
» contraire. (Code civil, art. 666). Il y a mar-
» que de non mitoyenneté lorsque la levée ou
» le rejet de la terre se trouve d'un côté seule-
» ment du fossé. »

(1) Renouvelé dans la session de 1825.

Le fossé est censé appartenir exclusivement
à celui du côté duquel le rejet se trouve.
(Art. 667 et 668 du même Code.)

Cette disposition est-elle applicable aux fossés qui bordent les chemins ? On peut objecter
qu'un chemin n'est pas un *héritage* proprement
dit, et que, sous ce rapport, il ne tombe pas
sous l'application *nécessaire* de la loi; et c'est
ainsi que, malgré ce principe de la loi civile,
on n'admet pas communément la mitoyenneté
des fossés à l'égard des grandes routes ; c'est
même l'opinion de M. Garnier, qui (n°s 31 et
suivants du *Traité des chemins*) les considère
comme une dépendance exclusive de la voie
publique, à moins qu'il n'y ait un titre contraire.

495. Cette opinion serait vraie et non contestée, qu'il n'en résulterait pas, selon nous, que le
même principe dût être appliqué à la voirie
communale ; car l'opinion de M. Garnier ne
repose que sur des arguments tirés des lois particulières à la grande voirie ; or ces lois ne s'appliquent pas de plein droit à la petite voirie,
et si on peut quelquefois les rapprocher par voie
d'induction ou d'analogie, le Code civil, qui est
déclaratif du droit commun, s'applique aux chemins, toutes les fois qu'il n'y est pas dérogé par

des lois spéciales, surtout lorsqu'il s'agit de régler un litige avec des particuliers régis eux-mêmes par cette loi commune.

Il est évident d'ailleurs que, dans la rédaction de l'art. 666 du Code civil, on ne s'est servi du mot *héritage* que pour exprimer une propriété territoriale: or, soit que les chemins soient la propriété de l'état, soit qu'ils appartiennent aux communes, ils forment un domaine réel, qui ne peut pas être soumis sous ce rapport à des lois exceptionnelles, sans que le législateur l'ait formellement exprimé.

496. Un voisin, dit M. Toullier, n° 227, ne peut contraindre l'autre à faire un fossé pour séparer leurs héritages ; s'il veut en faire un, il doit donc en prendre toute la largeur sur son terrain, il doit même observer la règle des distances.

Il a fallu une disposition spéciale pour déroger à ce principe tiré de l'ancien droit. (Voyez Pothier, appendice au Contrat de société, n° 224.)

Un arrêt du conseil, du 3 mai 1720, ordonne qu'il sera établi des fossés le long des grands chemins, pour fixer leur largeur et empêcher les anticipations des riverains, et sans doute aussi pour l'écoulement des eaux. L'art. 3

porte que les fossés seront faits aux frais de
S. M., si mieux n'aiment les particuliers les
faire aux leurs.

L'art. 4 veut que les riverains qui, comme
nous l'avons dit, sont tenus d'entretenir et curer
ces fossés, soient tenus de faire jeter sur leur
héritage ce qui proviendra du curage.

D'après l'art. 8 de l'arrêt du conseil de février 1776 (ci-dessus, n° 41, pag. 48), les
routes ne doivent être bordées de fossés que là
où ces fossés auront été jugés nécessaires, et
sans doute alors ce sera l'autorité administrative qui déterminera la profondeur et la largeur de ces fossés; personne ne peut la forcer
à rester enchaînée à cet égard par la fixation
qui en a été faite par l'art. 2 de l'arrêt de 1720.
Voyez d'ailleurs l'art. 2 de la loi de février 1805.
Ce règlement n'aurait plus d'intérêt aujourd'hui
qu'autant que les riverains seraient tenus de
l'ouverture et de l'entretien de ces fossés;
mais à présent que les art. 109 et 110 du décret
de 1811 se trouvent abrogés au moins par une
désuétude avouée et notoire, il est inutile de s'y
arrêter.

497. M. Garnier s'est demandé si la présomption de mitoyenneté pouvait être admise
à l'égard des fossés des routes, qui ont été faits

en exécution de ces lois et règlements, et il se prononce pour la négative en l'appuyant de raisons très spécieuses.

Il nous semble avoir omis le principal argument favorable à sa thèse, qui est celui tiré de l'art. 4 de l'arrêt du conseil de 1720, qui veut que les riverains rejettent les terres sur leurs héritages, sans distinguer le cas où le fossé a été fait à leurs frais et sur leurs propriétés, de celui où le fossé a été fait aux frais de l'administration.

Puisque c'est une obligation légale, le motif qui dans le Code civil a fait admettre cette circonstance comme une marque de non-mitoyenneté disparaît ; et alors la question doit être résolue par les titres, ou, à défaut de titres, par les faits de possession, admis par le droit commun pour y suppléer.

M. Garnier défend l'opinion contraire : il pense que ces fossés sont, de plein droit, la propriété de l'état, et que les riverains qui la contestent doivent produire un titre positif.

498. Son premier argument est que le fossé a été fait pour la route, et que comme accessoire il doit suivre le sort de l'objet principal.

Nous répondons que le fossé a pu être établi aussi bien pour l'écoulement des eaux des héritages riverains de la route, que pour celui de la route elle-même, et qu'ainsi la règle des accessoires n'est pas applicable.

Son second argument se tire de l'art. 86 du décret de 1811, ainsi conçu :

« Tous les arbres plantés avant la publication » du présent, sur les routes royales, *en dedans* » *des fossés*, et sur le terrain de la route, sont » reconnus appartenir à l'état, excepté ceux qui » auront été plantés en vertu de la loi du 9 ven- » tôse an XIII. »

Cette disposition est relative uniquement à la propriété des arbres : quant à l'induction tirée de ces mots, *en dedans des fossés*, elle n'est pas probante ; ces mots ne préjugent rien sur la mitoyenneté possible de ces fossés.

Les discussions de la chambre des députés, des 31 mai et 1er juin 1819, ont porté, non sur la question de mitoyenneté, mais sur celle du curage des fossés, ce qui laisse subsistante la difficulté résultant de l'arrêt du conseil de 1720.

Puisque cet arrêt suppose que les riverains ont pu et même ont dû établir à leurs frais des fossés le long des routes, il serait inique d'admettre la présomption légale et de droit en faveur de l'état, surtout lorsqu'il est certain, en fait, que des indemnités de dépossession n'ont point été accordées.

499. Nous croyons donc que les choses sont dans un état parfait d'égalité entre les riverains et l'état, pour les fossés ouverts sous l'empire des règlements de 1720 et 1776, jusqu'à la loi du 28 février 1805, et sous l'empire du décret de 1811 jusqu'à ce jour.

C'est tout au plus si on pourrait admettre la présomption dont il s'agit, pour les fossés ouverts sous la loi de 1805, parceque celle-ci mettant les fossés à la charge de l'état, il n'y a aucune raison de croire que les riverains en aient fait les frais.

Nous ignorons si dans l'exécution de cette loi on a continué de rejeter les terres d'un seul côté, et si on pourrait invoquer la présomption établie par l'art. 667 du Code civil. Dans tous les cas, nous ne croyons pas qu'on dût attacher une grande force à cette présomption, parcequ'il n'en est pas de la voie publique comme des héritages ordinaires, et que l'empire d'un ancien usage a pu motiver le rejet des terres sur l'héritage du riverain, sans que celui-ci soit fondé à s'en faire un titre contre l'état, bien qu'à notre sens il pût aujourd'hui refuser de supporter cette charge.

500. M. Garnier, n° 33, semble admettre que c'est une servitude qu'ils supportent. Cette opinion pouvait être bonne quand le curage était à la charge des riverains ; mais aujourd'hui que la loi de 1805 a repris sa vigueur, par cela seul que l'illégal décret de 1811 a cessé d'être loi en cette partie, l'accessoire a dû suivre le sort du principal : si les riverains ne sont pas tenus de curer, ils ne peuvent, sans une disposition nouvelle de la loi, être condamnés à recevoir sur leurs terrains les résidus du curage qui peuvent être nuisibles à leur propriété.

Si la marque de mitoyenneté admise comme présomption par le Code civil n'est pas applicable aux fossés des chemins royaux, à cause des lois spéciales qui régissent cette nature de propriété, elle doit l'être à l'égard des chemins communaux et vicinaux ; si dans certaines provinces l'entretien était à la charge des riverains, il ne paraît pas que l'obligation de rejeter sur l'héritage voisin les produits du curage ait été établie par les règlements locaux ; cependant là où ces chemins sont bordés par des fossés, la circonstance que l'entretien du chemin, et par suite le curage du fossé, était fait par le riverain ne permet pas qu'on admette comme une présomption en sa faveur le rejet dés terres ou de la douve de son côté : car on ne peut se faire de titre à soi-même ; l'équité ne le permet pas. Mais, par la raison contraire, là où le riverain ne coopérait pas à cet entretien, il n'existe aucun motif de rejeter la présomption de droit établie par l'art. 667 du Code civil, conforme aux anciens principes.

501. M. Garnier ne veut pas qu'on admette à défaut de titre la présomption résultant de la possession, parceque, dit-il, les grandes routes sont imprescriptibles, et que le riverain a dû, en faisant le fossé, prendre l'alignement et se faire ainsi un titre.

Nous répondons en premier lieu, quant à l'alignement, que sans doute il a dû être pris ; mais que s'il ne l'a pas été, c'est une contravention éteinte, et qui ne peut nuire au fond du droit.

Quant à la prescriptibilité du sol des routes, nous l'admettons pleinement ; mais pour que ce principe soit applicable, il faut d'abord prouver que le fossé a appartenu tout entier à la voie publique : c'est précisément ce qui est en question.

La preuve testimoniale, à défaut de titre, et les présomptions résultant de faits de possession sont donc admissibles selon le droit commun, pour parvenir à la preuve de la propriété, par cela seul qu'elles ne sont pas interdites.

M. Garnier défend cette doctrine, en ce qui concerne les fossés riverains des chemins communaux, malgré les termes en apparence limitatifs de l'art. 666 du Code civil.

« On pourrait (dit-il n° 177, p. 245) prétendre tirer un argument contraire de l'art. 670, qui, relativement à la mitoyenneté des haies, dit : s'il n'y a titre ou *possession* contraire. »

Mais il donne trop d'extension à l'argument en supposant que l'on peut acquérir la propriété par la prescription fondée sur la seule possession. Ce n'est pas ainsi que nous l'entendons; l'imprescriptibilité de la voie publique est pleinement admise par nous, aussi bien pour la voirie urbaine et rurale que pour les grandes routes.

502. Nous n'admettons la possession que pour suppléer au titre, jamais pour le détruire, et alors nous n'admettons les raisonnements que fait M. Garnier sur l'art. 666 (p. 179 de son *Traité des eaux*, et p. 246 de son *Traité des chemins*), que pour repousser l'argument si souvent faux en droit : *qui de uno dicit, de altero negat.*

Puisque l'art. 667 admet, à défaut de titre, le simple fait que les terres ont été relevées d'un seul côté, comme présomption légale elle ne repousse pas les autres, l'article n'est donc pas *limitatif,* mais simplement énonciatif.

Aussi, comme le remarque M. Garnier, l'article 23 du Code de procédure range-t-il dans la classe des actions possessoires celles qui sont relatives aux usurpations de fossés.

Cependant si la commune ou l'état rapportait un titre qui ne fût pas dénié par le riverain, l'action possessoire ne serait pas recevable, parceque le sol de la voie publique est imprescriptible, par conséquent insusceptible de possession, et qu'ainsi ce mode d'action n'aurait pas de résultat. Cette question s'est présentée dans l'espèce suivante :

503. Le 1er août 1821, le garde champêtre de la commune de Champlay dresse un procès-verbal contre un sieur Martin, pour avoir creusé un fossé dans un chemin public. Traduit devant le tribunal de police correctionnelle, il a élevé la question préjudicielle de propriété ; ensuite, prenant le procès-verbal pour trouble dans sa possession, il s'est pourvu contre la commune devant le juge de paix, disant que par ce fossé il avait voulu se clore du côté du chemin,

et non anticiper. La commune, sans opposer le moyen que dans tous les cas le fossé ne serait pas à distance, a soutenu Martin non recevable dans son action possessoire, attendu qu'il avait engagé le pétitoire par son exception devant le tribunal de police correctionnelle. Le juge de paix admet la complainte ; mais , sur appel, le tribunal réforme par le motif que la question était engagée au pétitoire. Martin s'est pourvu en cassation, et son pourvoi a été admis en section des requêtes , le 26 avril 1824, pour être définitivement jugé par la section civile. Il dit, pour sa défense, qu'il y avait deux moyens d'engager la question de propriété , le pétitoire et le possessoire; que l'exception proposée devant les juges correctionnels ne voulait dire autre chose sinon qu'il n'avait pas commis un délit, parcequ'il n'avait qu'usé d'une chose qui était sienne ; et que, pour faire tomber l'action du ministère public, il lui suffisait de prouver une possession même annale, et il a invoqué sept arrêts de la cour de cassation.

Le premier, du 16 vendémiaire an XI (Sirey, tom. III, 2381) ; le deuxième ,.du 4 messidor an XI (*idem*, t. IV, 354) ; le troisième , du 10 janvier 1806, (*idem*, t. VI, 2, 527) ; le quatrième, du 3 mars 1809 (*idem*, t. X , 1, 350) ;

le cinquième , du 4 janvier 1810 (*ibid.*) ; le
sixième, du 8 janvier 1813 (*idem*, t. XIII , 1,
468) ;et le septième, du 19 mars 1819 (*idem*,
t. XIX, 1, 422); comme ayant jugé qu'il suffisait que le prévenu eût excipé d'un droit de
propriété , d'usage , de servitude, ou de simple
possession, pour être renvoyé devant les juges
civils. Il résulte au contraire du dernier des arrêts cités, qu'il y a des faits de possession in-
différents, et qui ne peuvent être des moyens
préjudiciels : telle est assurément la possession
d'un chemin, puisque ce chemin est imprescriptible , ainsi que nous l'avons déjà prouvé (1).

(1) Pour appuyer d'autant mieux notre opinion, nous don-
nous ici le chapitre 44 du *Traité de la compétence des juges
de paix*, par le savant et si honorable président M. Henrion
de Pansey.

« Les chemins , les rues , les places publiques, destinées
à l'usage commun de tous les individus, par une espèce de
consécration politique, forment ce que l'on appelle *res
publicæ* : aucun particulier n'en peut prétendre la propriété : cette propriété appartient donc à la puissance
dépositaire des droits de la société, c'est-à-dire à la seigneurie publique. »

Mais ce qui appartient essentiellement à la seigneurie
publique est hors de commerce, et par conséquent imprescriptible.

C'est ce que dit très formellement l'art. 436 de l'ordonnance de Blois, dont voici les termes : « Les chemins seront réduits à leur largeur ancienne, nonobstant usur-

47

Quant aux autres arrêts, ils décident seulement que la question préjudicielle de propriété, lorsqu'elle est élevée de quelque manière que ce soit, est un motif de sursis tel que sa violation entraîne une cassation, principe que nous n'entendons pas contester.

Défendeur à ce pourvoi, nous sommes convenu qu'il pouvait y avoir inexactitude dans le jugement de Joigny, en ce que ce tribunal avait repoussé la complainte par ce motif, que l'action au pétitoire aurait été engagée devant le tribunal correctionnel ; mais remontant à l'origine de la complainte, nous avons dit que c'est un remède établi par la loi, comme une réparation pour une voie de fait ; c'est une voie exceptionnelle, qui ne peut être admise que quand

» pations, par quelque laps de temps qu'elles puissent » avoir été faites. »

Ainsi nulle espèce de difficulté sur ce point de notre droit public : *les chemins sont imprescriptibles.* A leur égard, la possession, même la possession la plus longue, est donc comptée pour rien ; par conséquent celui qui aurait anticipé sur un chemin, et qui serait sommé de le rétablir dans son ancienne largeur, ne pourrait pas prendre cette sommation pour trouble, et intenter la complainte possessoire.

S'il prenait cette voie, le juge de paix qu'il aurait saisi de sa demande devrait la renvoyer devant les juges compétents ; autrement il commettrait un excès de pouvoir.

il y a trouble réel, et non simple sommation de produire ses titres. « J'ai vu, dit Bourjon (*Droit commun de la France*, tom. II, chap. de la complainte, sect. 1re), qu'une pareille demande » était regardée comme trouble; c'était un abus, » et une véritable confusion d'action. »

M. le président Henrion de Pansey, *De la Compétence*, chap. 57, pag. 374, dit, d'après Brodeau, sur la coutume de Paris, art. 96, n° 7, « que pour être recevable à intenter » complainte, il faut être troublé et empêché, » sinon qu'on n'a que la simple voie d'action. »

Aujourd'hui on abuse singulièrement de la *complainte*, et au lieu de l'employer comme remède contre une voie de fait, on s'en sert pour défendre à un trouble moral, pour éviter de s'expliquer et de justifier de ses titres. Nous regardons ce genre d'action comme contraire jusqu'à un certain point à la droiture, comme un véritable circuit d'action, comme un abus, toutes les fois qu'on l'emploie autrement que pour résister à une voie de fait.

504. L'ordonnance des eaux et forêts, par l'art. 4, tit. xxix, oblige tous les riverains qui possèdent des bois joignant les forêts royales et buissons à les en séparer par des fossés ayant quatre pieds de largeur et cinq pieds de pro-

47.

fondeur, et à les entretenir en bon état, à peine
de réunion.

C'est une erreur commune de croire que par
l'effet de cette loi ces fossés deviennent propriété
de l'état. Les mots, *à peine de réunion*, prouvent au contraire que ces fossés restent la propriété des riverains, et qu'ils n'ont à supporter à
cet égard qu'une servitude, servitude dont l'injustice sera sans doute reconnue, comme l'a été
celle de l'entretien des fossés des routes par
les riverains, lorsqu'on proposera le projet de
loi destiné à remplacer l'ordonnance de 1669,
projet que nous savons être maintenant en discussion.

505. L'art. 4 de l'ordonnance ne dit pas si
les riverains, obligés de faire les fossés, et par
suite de les entretenir (arrêt du conseil du 16
mai 1673 pour la Normandie ; du 18 juin
1697 pour la Guyenne ; arrêté du directoire
du 19 pluviôse an VI, février 1798), peuvent prendre moitié du terrain sur le sol des
forêts nationales, ou s'ils doivent prendre sur
leur propre terrain ; ce qui laisse de l'incertitude sur la question de propriété.

Mais cette incertitude est levée par la circulaire du 18 octobre 1821, au *Recueil de Bau-*
drillart (tom. II, p. 960), qui porte que les

riverains ne doivent que la moitié du terrain et de la dépense. Il faut même que la nécessité de la clôture soit déclarée préalablement par l'administration supérieure (circulaire du 28 mai 1806): jusque là les riverains ont un droit fondé de résistance et même de représentation.

De ce que le fossé est pris par moitié sur la propriété de l'état, et par moitié sur celle du riverain, là où la clôture est ordonnée par l'administration supérieure, il nous semble qu'il en résulte la présomption légale que le fossé est mitoyen, et que cette présomption doit l'emporter sur celle de l'art. 667 du Code civil; car, nous le répétons, on ne peut se faire un titre à soi-même. L'opinion émise à cet égard par M. Garnier (*ibid.* 51, p. 50) nous paraît contraire à ce principe, qui combat suffisamment la présomption de l'art. 667, parcequ'il est immuable, et fondé sur une loi.

L'opinion du commentateur de l'ordonnance de 1669 ne nous paraît à cet égard ni assez explicite, ni même appuyer suffisamment l'opinion de M. Garnier; car cet auteur paraît au contraire adopter la neutralité, et laisser au droit commun la décision de la question de propriété.

506. Une autre circulaire, du 12 avril 1798 (Baudrillart, p. 530), a du reste décidé que la servitude ne s'appliquait pas aux propriétaires des terres *labourables* et à ceux dont les propriétés forestières sont séparées des forêts de l'état par une grande route; mais elle l'est pour celles qui n'en sont séparées que par un chemin de traverse ou de vidange.

Le ministre des finances a décidé, le 3 octobre 1811 (1), que les communes et les établissements publics n'ont pas droit pour leurs bois d'exiger des riverains l'ouverture de fossés sur leurs terrains, ni même d'y contribuer.

Cette décision, qui en rapporte une précédente du 19 septembre 1811, est conforme au droit commun, qui ne permet pas à un propriétaire d'héritage d'exiger du propriétaire contigu une mitoyenneté de fossé.

Le Code civil ne rend la clôture obligatoire que dans les villes et faubourgs (2), et alors

(1) Baudrillart, *ibid.* p. 960.

(2) M. Pardessus, *Traité des servitudes*, n° 146—147, a signalé la difficulté de reconnaître les villes; il pense que si l'autorité administrative ne s'en est pas expliquée, il faut que les tribunaux se décident par les qualifications résultant des actes non suspects; nous croyons qu'on ne peut pas prendre de règle plus sage que celle de deux mille âmes de population agglomérées comme on l'a dit ci-dessus, n° 409.

la clôture a lieu par un mur et non par un fossé.

507. Les adjudicataires de coupes de bois sont tenus par l'art. 77 d'un règlement ou cahier des charges, du 13 juin 1821 (Baudrillart, *ibid.*, p. 927), de curer à viſ-fond et d'aligner les fossés, rigoles, sangsues, glacis et haies au pourtour de leurs ventes, de tenir les chemins libres et de les réparer.

Ces dispositions sont obligatoires, parceque si elles ne dérivaient pas de la loi, elles seraient au moins consensuelles par les acceptations que fait l'adjudicataire de son cahier des charges ; mais cette obligation ne peut être imposée à l'égard du périmètre général du fossé extérieur des forêts nationales, circulaire du 31 juillet 1806. (Baudrillart, *ibid.*, p. 88.)

508. L'ordonnance de 1669, tit. XIX, art. 12, et le règlement du 30 mars 1718, art. 21, obligent les communautés usagères et autres à supporter les frais des fossés à construire et réparer le long des routes ou chemins ouverts au pâturage des bestiaux.

C'est encore une servitude spéciale dont on ne saurait assigner de motif suffisant, et qui a fait regarder à juste titre l'ordonnance de 1669 comme une loi destructive en beau-

coup de cas de la propriété, malgré les éloges
de ceux qui, sur parole, en célèbrent l'extrême
sagesse.

Les communes, et les particuliers pour leur
bois, n'ont pas droit à cette servitude véritablement exorbitante du droit commun.

Nous croyons même que ceux que l'on prétend aujourd'hui assujettir, soit à faire la moitié des fossés, soit à les entretenir, sous un
prétexte ou sous un autre, sont fondés à s'y
refuser avec autant de justice qu'à l'entretien
des grandes routes, et que leur résistance, déjà
admise dans l'usage, finirait par triompher. Il
est utile qu'elle se manifeste, pour que l'attention du législateur soit éveillée, lorsqu'on
proposera aux chambres la loi qui doit remplacer l'ordonnance de 1669.

509. M. Garnier (n° 34 de son *Traité des
chemins*), parlant toujours des fossés des grandes
routes, se demande si, lorsqu'il n'est pas
prouvé qu'un chemin royal a été déclaré susceptible d'être bordé de fossés, conformément à l'arrêt du conseil de février 1776, la
présomption de la propriété de l'état sur ce
fossé doit cesser, et il se prononce pour la
négative.

« Il faudrait, dit-il, faire une sous-distinc-

» tion, et rechercher si les fossés ont été établis
» avant ou après l'arrêt du conseil de 1776,
» puisque jusqu'à cette époque tous les grands
» chemins, sans exception, ont été ou ont dû
» être bordés de fossés : c'est, ajoute-t-il, pour
» trancher les difficultés qui en résulteraient
» que l'art. 86 du décret de 1811 a établi la
» règle générale que les fossés existants alors
» le long des grandes routes appartiendraient à
» l'état. »

Nous avons déjà prouvé que l'art. 86 du décret dont il s'agit ne dit rien de cela ; par conséquent, on ne peut point induire de présomption de ce décret quant à la propriété de ces
fossés. Nous ne croyons pas même que l'argument fondé sur l'arrêt du conseil de 1720 fût
solide. De ce qu'un arrêt du conseil aurait irrégulièrement, et sans le concours du parlement,
ordonné l'établissement de ces fossés aux frais
des riverains, il n'en peut résulter de présomption *juris et de jure* quant à la propriété ; car
la résistance était permise ; elle a même été
sanctionnée par l'arrêt du conseil de 1776, de
même que la résistance à l'exécution du décret
de 1811 a été justifiée par l'abandon volontaire
de l'administration, par la présentation qu'elle
a faite du projet de 1824, et par la loi de 1825,

48

D'ailleurs , ainsi que nous l'avons fait déjà remarquer , le règlement de 1720 lui-même invitait les propriétaires à faire eux-mêmes sur leurs terrains l'ouverture des fossés : ainsi l'induction tirée de l'exécution supposée du règlement serait souvent fausse.

510. L'entretien du fossé mitoyen est sans contredit pour moitié à la charge des co-propriétaires (art. 669 du Code civil). L'un des deux pourrait-il, pour échapper à l'entretien , demander la suppression du fossé ? Nous ne le croyons pas : ce serait violer l'art. 669 du Code civil. Le propriétaire riverain , pour se soustraire à une charge légale, ne peut trouver aucun secours dans le droit commun ; il n'aurait d'autre voie légale que d'abandonner cette mitoyenneté. Il y a même des auteurs qui lui refusent ce droit , notamment Goupy , sur Desgodets , art. 213 de la Coutume de Paris, note n° 2. M. Pardessus, nᵒˢ 182 et 185, restreint l'exception au cas seulement où il existe une nécessité absolue pour recevoir les eaux pluviales.

Nous sommes d'accord avec cet auteur, que le fossé qui sert à l'écoulement des eaux se trouve, par l'infériorité du sol, soumis de plein droit à la servitude naturelle de la réception des eaux , et que demander la suppression du fossé serait élever une prétention condamnée par le texte formel de l'art. 640 du Code civil.

Or, presque tous les fossés sont dans ce cas; la présomption légale est qu'ils ont été établis, moins pour la séparation des propriétés, que pour l'écoulement de leurs eaux; et il ne faudrait pas moins qu'un titre formel pour détruire cette présomption.

La cour de cassation, par arrêt du 10 décembre 1823, au rapport de M. Lasagni, a jugé (il est vrai en section des requêtes, et non après un débat contradictoire) « que si nul ne » peut être contraint de rester dans l'indivision, » (Code civil, art. 815), il est vrai aussi que » s'il existe entre deux propriétés un objet ac- » cessoire, une dépendance tellement nécessaire » à l'exploitation des deux propriétés, que, sans » la possession et jouissance commune, lesdites » propriétés seraient, ou de nul usage, ou d'un » usage notablement détérioré; alors, pour ne » pas sacrifier le principal à l'accessoire, il n'y » a pas lieu au partage dudit accessoire, et les » deux propriétés sont censées demeurer à cet » égard moins dans l'indivision que dans une » servitude réciproque de l'une envers l'autre » (loi 19, *Dig. Communi dividundo;* Code » civil, art. 651); qu'ainsi, loin d'avoir violé

48.

»les principes, la cour dont l'arrêt est attaqué,
»s'y est conformée. »

Il s'agissait, dans l'espèce de cet arrêt, non
d'un fossé ou d'une haie mitoyenne, mais d'un
terrain au sujet duquel il y avait entre les deux
propriétaires convention écrite d'indivision perpétuelle, convention qu'on attaquait comme
excédant le délai de la loi dans sa durée.

J'avoue que je ne suis pas d'avis de l'arrêt
de la section des requêtes sur ce point ; il me
semble qu'elle a créé une nouvelle espèce de
servitude qui ne pouvait résulter que d'une
disposition précise de la loi. L'art. 651 reconnaît, il est vrai, en principe général, qu'il y a
des servitudes réciproques ; mais l'art. 652 les
limite aux cas spécifiés par les lois.

La mitoyenneté des fossés est formellement
rangée, par cet art. 752, parmi les servitudes
réciproques ; en sorte que cet article doit servir d'interprétation à l'art. 669, relativement
aux fossés, de même qu'il doit servir pour les
arbres et les haies mitoyennes.

Ainsi, il n'est pas nécessaire, même pour les
fossés, de chercher un argument dans l'art.
640.

571. Mais de ce que l'on ne peut se soustraire
à la servitude en provoquant le partage d'indi-

vision ou en comblant le fossé, s'ensuit-il qu'on ne puisse se soustraire à la servitude en abandonnant la propriété elle-même, en cédant gratuitement la mitoyenneté?

Indépendamment de l'analogie qui résulte de la règle établie pour le mur mitoyen par l'art. 656, n'y a-t-il pas une disposition plus générale dans l'art. 699, qui porte que « le pro- » priétaire de l'héritage servant peut *toujours* » s'affranchir de la charge, en abandonnant le » fonds assujetti au propriétaire du fonds au- » quel la servitude est due. »

Ce principe n'est lui-même qu'une conséquence de la loi qui a aboli les servitudes personnelles en France ; car il est évident que si, malgré l'abandon de la mitoyenneté, le propriétaire était encore tenu de la charge, ce ne serait plus qu'une action personnelle qu'on pourrait exercer contre lui.

Voici au reste l'opinion de Pothier : « Lors, » dit cet auteur, que des haies ou des fossés sont » communs à deux voisins, chacun d'eux est » obligé à l'entretien et aux réparations qui y » sont à faire, si mieux il n'aime abandonner » son droit de communauté. » (N° 226, appendice au *Traité du contrat de société.*)

M. Pardessus, n° 184 du *Traité des servi-*

tudes, reconnaît le principe général. Voyez aussi n° 185, à la fin.

512. On a demandé à qui appartient l'usage des eaux pluviales coulantes ou stagnantes sur la voie publique, surtout dans les fossés.

Ces eaux ne formant pas un cours d'eau *naturel*, ne sont pas régies par les lois spéciales de 1790 et de 1791, ni par les art. 644 et 645 du Code civil, qui donnent à l'administration un droit de surveillance et de police.

Ce serait un grand abus de soutenir le contraire, ou de s'immiscer dans le régime des fossés séparatifs des propriétés, comme l'a fait, à l'égard du sieur Chabin, un arrêté du préfet d'Eure-et-Loir, qui paraît s'être mépris en fait à cet égard, d'après le rapport des ingénieurs.

Revenant à la question de propriété, ou le fossé est mitoyen, et alors les communes ou l'état et les riverains ont un droit égal à l'usage de ces eaux, si elles ont quelque valeur. Si elles n'en ont pas, et si elles sont contraires à la salubrité, le maire a droit, par une ordonnance de police, d'en ordonner la dessication, nonobstant toute opposition, parceque la voie publique est de son domaine.

Si ce fossé n'est pas mitoyen avec l'état ou avec la commune, celui qui en a la propriété peut en user à son gré, sauf le cas où la santé publique serait compromise par les miasmes qui s'échapperaient de ces eaux. Si ces eaux sont sur le terrain de la commune et y forment mare; si même, comme il arrive quelquefois, elles sont empoissonnées, le maire peut les affermer, en observant les formalités établies par les lois pour la disposition des biens des communes, c'est-à-dire avec l'autorisation du préfet seulement.

Mais si ces eaux ne forment pas une propriété à part, distincte de la voie publique, tous les communistes et même les horsains en conservent l'usage public comme du chemin lui-même, dont elles sont l'accessoire.

C'est uniquement par la règle des accessoires; car il n'y a que l'usage des eaux courantes et naturelles, comme les rivières, qui soit public. (*Voy. Répertoire* de M. Favard, V° *Servitude,* section *des servitudes légales.*)

Cette règle des accessoires est si forte ici, que les communes n'ont pas le droit d'affermer l'usage de ces eaux comme bien communal, conformément à la loi du 11 frimaire an VII.

513. « Le propriétaire, dit le président Henrion de Pansey (*De la compétence des juges de paix,* ch. 26, § 5), peut disposer arbitraire-

» ment de la source qui jaillit sur son héritage ;
» il aurait le même droit sur les réunions d'eau
» qu'il aurait formées , soit en les faisant dé-
» river du chemin public sur ses domaines ,
» soit en creusant des bassins pour recevoir les
» eaux pluviales. »

Cela est vrai, pourvu qu'il n'y ait pas opposition à la dérivation , de la part du maire , au
nom de la commune.

« Le supérieur de celui qui a ainsi détourné
» et réuni les eaux vicinales sur son fonds peut-
» il se servir des mêmes procédés , les faire cou-
» ler sur le sien , et en priver ainsi le proprié-
» taire inférieur ? S'il le fait, y a t-il lieu à com-
» plainte de la part de ce dernier ? »

» Non, répond Dunod (*Traité des prescrip-*
tions) ; et il en rapporte un arrêt qui l'a jugé
dans l'espèce suivante. »

« Darson avait, depuis un temps immémorial,
détourné dans son verger l'eau qui coulait au
voisinage le long de la rue publique. Dornier
qui avait un héritage supérieur l'introduisit
dans cet héritage. Darson s'étant pourvu , fut
débouté par un arrêt rendu le 5 avril 1690 ,
sur ce qu'il n'était censé avoir *usé* que par
tolérance, et qu'on avait pu se prévaloir contre
lui de l'avantage ou supériorité naturelle du lieu. »

En effet, le propriétaire supérieur avait un droit acquis avant celui de l'héritage inférieur; on ne pouvait pas argumenter contre lui du principe aujourd'hui consacré par les articles 644 et 645 du Code civil, à l'égard des eaux courantes, parceque celles-ci sont un don naturel, et qu'il est dans leur destination de fertiliser les héritages qu'elles baignent, tandis que les eaux pluviales sont accidentelles.

Nous en dirons davantage au chapitre des servitudes.

514. La disposition des statuts anglais (1), qui met à la charge des riverains l'entretien des saignées, tranchées et *fossés*, est contraire au principe de notre droit civil, qui veut que celui même qui doit une servitude ne soit pas obligé de l'entretenir, à moins qu'il n'en ait contracté l'obligation par écrit.

515. Il arrive quelquefois, à l'égard des travaux des routes, que pour épargner à l'état des indemnités, pour excavations et remblais, on offre aux propriétaires de laisser sur les chaussées latérales des fossés de passage et d'écoulement, à la charge par eux de soutenir les travaux de la chaussée par des murs d'appui,

(1) Voyez notamment l'art. 8 du statut de 1773.

et d'entretenir et même de paver les fossés latéraux. Cette proposition a été faite notamment en 1824, lors de la restauration de la route départementale de Boulogne à Saint-Cloud. Consulté sur la question de savoir si les propriétaires devaient accepter, nous avons répondu que la proposition étant contraire à la loi, la convention qui la sanctionnerait, outre qu'elle ne serait pas obligatoire, sans une ordonnance d'approbation du gouvernement lui-même, donnerait lieu à des difficultés sans cesse renaissantes avec l'administration des ponts et chaussées.

Nous avons conseillé aux propriétaires de se borner à demander l'indemnité, conformément à la loi de 1807, pour le tort causé à leur propriété; cet avis a été suivi. L'administration des ponts et chaussées, pour éluder le paiement de ces indemnités, a coutume de traîner en longueur, pendant des années, l'instruction de l'affaire, afin de lasser la patience des réclamants. C'est un véritable déni de justice, qui devait être signalé, et qui l'a été à la chambre des députés, le 4 avril 1825, par le marquis *de Moutier*. Il a fait remarquer que l'indemnité tardive ou incomplète qu'on obtient à force d'insistance est absor-

bée d'avance par les frais et dépenses. Le directeur général a blâmé cette pratique, et a
dit que les préfets particulièrement s'opposent
toujours à ce qu'aucun terrain soit pris avant
que l'indemnité *préalable* ait été réglée. Toutefois il a avoué des exceptions. Il ne doit
point y en avoir ; la charte veut, non seulement
que l'indemnité soit réglée, mais aussi qu'elle
soit payée avant dépossession. Malheureuse-
ment ce principe n'est applicable qu'aux expropriations, et non aux dépréciations produites
par les travaux publics.

516. Le 16 février 1825, le projet de loi
présenté à la dernière session, sur la plantation
des routes, a été de nouveau proposé à la
chambre des députés. Il est, quant à l'art. 2,
conçu dans les mêmes termes ; seulement l'é-
poque à laquelle l'état supportera la dépense
de l'entretien des fossés est reportée au 1er janvier 1827.

S'ensuit-il que les particuliers soient tenus
jusque là d'y pourvoir à leurs frais ? Nous ne
le croyons pas : l'art. 2 du projet signé par le
roi, le 9 février 1825, est une loi de crédit finan-
cière, et non une loi de propriété.

Dans l'exposé des motifs, le ministre est
convenu que les particuliers avaient été ton-

dés en équité à refuser de supporter cette servitude , puisque les fossés sont une partie
intégrante de la route, et que 1° nul n'est tenu
de réparer la propriété d'autrui ; 2° et si c'est
à titre de servitude , l'entretien n'est point à la
charge du propriétaire servant.

Si le ministre a ajourné jusqu'au 1er janvier
1827 l'exécution de la loi, c'est que les ressources financières de 1825 et de 1826 sont
insuffisantes, et que les routes peuvent encore,
pendant ce temps, supporter , sans trop de dégradation, le défaut d'entretien.

Cependant le rapport de la commission de
la chambre des députés, par M. Calemard,
exprime en terminant que les *riverains de-
meurent obligés à continuer* le service jusqu'en 1827 ; M. Saladin ayant proposé un
amendement pour remplacer ces mots de l'article (1), à la date du 1er janvier 1827 , par

---

(1) « A dater du 1er janvier 1827, le curage et l'entretien
des fossés qui font partie de la propriété des routes royales
et départementales seront opérés par les soins de l'administration publique, et sur les fonds affectés au maintien
de la viabilité desdites routes. »
La disposition, comme on voit, n'est pas applicable aux
fossés qui appartiendraient aux propriétés riveraines. « Pour
» décider la question de propriété, a dit le ministre de l'in-
» térieur (chambre des pairs, 7 mai) , il suffit d'observer
» que la terre du fossé se rejette sur le champ voisin. »

ceux-ci , à dater de la *promulgation* de la présente loi , l'amendement a été rejeté. A la chambre des pairs , M. Lainé a soutenu que la servitude existait légalement avant la loi, et qu'elle était pleinement justifiée, parceque , selon lui, la route n'a été faite le plus souvent qu'à la condition par les riverains de supporter cette servitude; condition résultant d'un contrat ou exprès ou tacite.

517. « Les propriétaires près les grands fleuves,
» a-t-il dit, outre le devoir de fournir sur leur
» terre le chemin de hallage, sont encore assu-
» jettis à l'entretien et à la réparation des fossés
» et des petits ponts. Cette obligation est bien
» moins ancienne, bien moins légale. »

Le ministre de l'intérieur a répondu sur ce dernier point, que les chemins de hallage font partie du domaine de l'état, et que c'est par lui qu'ils sont entretenus. (Une loi du 30 floréal an x établit à ce sujet un droit sur les navigateurs.) Le principe est vrai, mais il est inexactement exprimé ; les chemins de hallage ne font point partie du domaine de l'état. L'idée de domaine ne peut s'appliquer à une servitude.

« Si quelques ouvrages , ajoute le ministre ,
» sont à la charge des riverains , c'est parce-

» qu'ils sont établis sur leur propriété ; disposi-
» tion qui rentre dans le droit commun. » Ceci
nous dispense de réfuter plus au long l'opinion
de M. Lainé : quelque imposante que soit celle
d'un jurisconsulte et d'un homme d'état aussi
distingué, nous croyons que, dans cette circonstance, les idées qu'il s'est formées comme ministre de l'intérieur, sont entièrement fausses.
Nous n'avons trouvé aucune loi qui ait mis à la
charge des propriétaires de terrains aboutissant
aux rivières navigables et flottables, grevés du
chemin de hallage, l'obligation d'entretenir des
fossés et des travaux d'art, et M. de Corbière
a eu raison de dire que cet entretien était à la
charge de l'état : tel est en effet le vœu formel de l'art. 698 du Code civil, déclaratif du
droit commun. L'administration ne pourrait
donc imposer cette charge aux riverains qu'en
vertu d'un titre souscrit contrairement aux
règles ordinaires.

518. Relativement à la légalité, soutenue par
M. Lainé, de la servitude du curage des fossés,
le ministre a répondu que *ce n'est point un
acte de munificence, mais de justice que le
gouvernement a proposé.* L'état ne saurait donc
réclamer pour le passé, pendant les années 1825
et 1826, l'accomplissement de cette charge,

sans se rendre coupable d'injustice. Dès lors le rejet de l'amendement de M. Saladin, dans l'autre chambre, ne prouve que l'opinion isolée de la majorité de l'une des branches de la législature. Le roi et la chambre des pairs n'ont pas dû partager cette opinion.

Du reste, les arguments de M. Laîné, au soutien de la légitimité de la servitude, sont loin d'être concluants. Il n'est pas vrai généralement que les routes aient été ouvertes à la demande des riverains, et sous la condition volontaire d'entretenir les fossés ; une telle soumission ne se présume pas. Il est au contraire plus vrai, et M. Demeustier l'a dit dans l'autre chambre, que l'état s'est emparé des terrains de ces riverains sans payer l'indemnité de dépossession, comme cela a encore lieu notoirement presque par toute la France.

Le ministre a dit qu'en achetant originairement le terrain sur lequel la route est assise, on n'avait pas compris dans son évaluation le prix de la servitude. Une pareille évaluation, le ministre en donne l'assurance, n'est jamais venue à la pensée d'aucun expert. Au surplus, comme l'a dit le ministre, les fossés font partie de la route ; leur curage est à la charge du trésor, ou il faut soutenir qu'une partie de la route doit être faite aux dépens des riverains ; mais s'ils en doivent une partie, pourquoi ne pas mettre le tout à leur charge ?

519. La loi du 12 mai 1825 ne parlant pas des fossés qui sont mitoyens entre les routes et les propriétaires riverains, on reste à cet égard dans les termes du droit commun, c'est-à-dire que l'entretien devrait se faire à moitié. Mais ce cas est rare, car qui voudrait être en communauté avec l'administration publique ; comment et dans quelle forme se ferait la division de la dépense ? Les ingénieurs prendront toujours l'initiative des travaux ; et comme les gouvernements opèrent à plus haut prix que les particuliers, le communiste serait obligé de payer moitié d'une dépense qu'il n'aurait pas autorisée. S'il y avait contestation à cet égard, les tribunaux devraient en être seuls juges ; l'autorité administrative ne peut décider dans sa propre cause : aucune loi ne lui confère ce droit dans ce cas particulier, et le n° 3 de l'art. 1er de la loi de 1825 le lui dénie formellement.

Pour éviter ces contestations, il faudrait que l'administration des ponts et chaussées acquît la mitoyenneté pour cause d'utilité publique, et elle y a un si grand intérêt, que le ministre ne manquerait pas de l'autoriser par des ordonnances royales, sur la réclamation des parties.

520. Quant aux fossés qu'un particulier voudrait établir sur son terrain le long des routes, ils ne sont assujettis à aucune distance spéciale.

Le ministre de l'intérieur a dit dans cette même discussion, à la chambre des pairs, le 7 mai 1825 : « Il en est des fossés qui bordent un » chemin vicinal comme des fossés des routes : » c'est parcequ'ils sont établis sur la propriété » riveraine que l'entretien est à sa charge. »

La circulaire ministérielle du 27 mai 1805, qui a toujours été regardée comme le meilleur commentaire de la loi du 28 février précédent, porte sur les chemins vicinaux : « J'ai remar- » qué que dans quelques départements on met- » tait le curement des fossés à la charge des » seuls propriétaires aboutissants. Cette me- » sure est injuste. Les fossés font partie des che- » mins, et ils doivent être entretenus de la » même manière, sauf les poursuites à faire et » les amendes à appliquer aux propriétaires qui » auraient fait des encombrements extraordi- » naires. »

Si donc ils sont mitoyens, les riverains sont

49

tenus de concourir à l'entretien, à moins qu'ils ne préfèrent abandonner la mitoyenneté. Si ces fossés sont entièrement sur le chemin public, il est évident que les riverains ne doivent en rien y contribuer.

521. Celui qui a abandonné sa mitoyenneté pour ne pas supporter les frais de curage peut-il revenir sur sa renonciation, si le propriétaire qui a accepté l'abandon le laissait combler ? M. Pardessus (n° 185 *Des servitudes*) adopte l'affirmative de cette question , « par le motif que » l'ancien propriétaire indivis est présumé n'avoir consenti la cession que pour jouir de l'avantage d'une séparation, et sous la condition »que le fossé serait entretenu en bon état. »

On peut répondre que si l'abandon de la propriété a été pur et simple, et sans réserve, pour éviter, par exemple, des frais considérables qui tendaient à s'arrérager, la solution pourrait être contraire, le droit de propriété consistant à disposer de la manière la plus absolue, sauf l'exécution des lois et règlements.

On n'en cite aucun qui s'oppose à ce que celui qui a un fossé sur sa propriété le supprime. Dès lors nulle présomption légale ne viendrait au soutien de l'opinion de M. Pardessus ; on pourrait même lui opposer ce qu'il dit lui-même ,

n° 186, *in fine*, si l'art. 640 du Code civil ne
venait fournir un argument plus solide que tous
les autres.

Cet article en effet porte que les fonds inférieurs sont assujettis envers ceux qui sont plus
élevés à recevoir les eaux qui en découlent naturellement, sans que la main de l'homme y ait
contribué.

Un fossé se trouve dans ce cas, et l'on ne
saurait objecter que la main de l'homme y a
travaillé. La prohibition de l'art. 640 ne s'applique pas à ce cas, mais au fait d'avoir aidé
par artifice à créer ou à augmenter la pente.

Donc le fossé ne peut être supprimé, la loi
défendant au propriétaire inférieur d'empêcher
l'exercice de la servitude naturelle.

Pour les fossés des routes et des chemins
communaux, il y a une nouvelle raison pour
empêcher cette suppression : c'est qu'ils sont
nécessaires à la bonne viabilité de la voie publique, qu'ils tiennent conséquemment de son
essence, et ne peuvent être mis dans le commerce pour être vendus. L'arrêt du conseil
du 17 juin 1721 veut qu'il y ait des fossés par
toutes les routes, et défend sous des peines sé-
vères de les combler. (Voyez, pour la pénalité, l'ordonnance du bureau des finances, du

18 juin 1765, et pour la réception des eaux, l'ordonnance du même bureau, du 17 juillet 1781.)
Ces fossés doivent avoir six pieds dans le haut,
deux pieds dans le bas et trois pieds de profondeur.

Celui qui a fait l'abandon de la mitoyenneté
du fossé ne pourrait en faire le rachat, ainsi
que le professe M. Pardessus, non pas seulement parceque l'art. 661 du Code ne s'applique
qu'au mur mitoyen, mais parceque la faculté
de déposséder pour cause d'utilité publique
n'est établie qu'en faveur de l'état et des communes. De droit commun, celui qui veut faire
un fossé doit en prendre toute la longueur sur
son héritage. (M. Pardessus , *Des servitudes*,
n° 186). Ce principe est applicable à l'état et
aux communes, à l'égard des fossés nouveaux
qui peuvent être ordonnés lors de la confection
de leurs chemins. Si le terrain n'est pas assez
large, c'est le cas d'appliquer la règle de la dépossession pour cause d'utilité publique. Mais
les propriétaires riverains peuvent s'opposer à
ce qu'on dépasse les limites fixées par les règlements pour chaque classe de chemins.

(1) Voyez à cet égard l'art. 12 du projet de Code forestier,
qui abroge à ce sujet une disposition de l'ordonnance de
669.

SECTION II.

DES HAIES.

522. Il n'y a rien dans les lois relatives aux chemins, de particulier aux haies : elles sont donc régies par le droit commun.

« On nomme HAIE, dit M. Pardessus (*Traité* » *des servitudes*, n° 187), une clôture d'épines, » de ronces ou d'autres arbrisseaux vivants, » quelquefois même de branches sèches.» La *haie* sèche ou morte, est celle qui se fait avec du bois coupé ; celle-ci est mobile, et ne peut nous occuper.

L'art. 670 du Code civil répute mitoyenne toute haie séparative de deux héritages. La haie mitoyenne entre la voie publique et les propriétés riveraines doit être entretenue à frais communs ; et le riverain aurait droit d'actionner la commune pour lui faire payer sa part ; de même que la commune aurait action contre le riverain, soit pour le partage des produits de la tonte et des arbres, soit pour l'entretien commun. Comme les communes sont assujetties, soit en demandant, soit en défendant, à de longues formalités dans les contestations judiciaires, et comme on ne peut saisir la caisse communale quand on est créancier, les riverains ou la commune devront profiter de la faculté qui leur est laissée par la loi de renoncer à la mitoyenneté.

523. Si les riverains ne voulaient pas renoncer à leurs droits, et si les corps municipaux jugeaient qu'il est conforme, comme nous le croyons, aux règles de la bonne viabilité de conserver ces haies, ceux-ci pourraient provoquer la dépossession pour cause d'utilité publique. Nous croyons que la nécessité de sortir de l'indivision, et de séparer la propriété publique de celle des particuliers, serait un motif suffisant. Il a été généralement pratiqué, à l'égard des grandes routes, dont plusieurs, sur un assez grand nombre de points, sont encore aujourd'hui séparées des terres par des haies au lieu de fossés.

Dans le cas où la question de propriété viendrait à s'engager entre l'état ou une commune et les particuliers, pourrait-on, en l'absence d'un titre, prendre pour règle de la mitoyenneté la présomption résultant de l'art. 670 du Code civil?

Avant de recourir à cette présomption, il faudrait décider la question de propriété par la *possession*, puisqu'elle est formellement ad--

mise par l'art. 670. Il n'y aurait aucun doute en faveur de l'état ou de la commune, s'il était prouvé qu'ils sont en possession, non contestée, de tailler ou couper la haie des deux côtés. La possession même annale suffirait.

524. Mais du particulier contre la commune ou contre l'état, la réciproque doit - elle être admise ?

Du principe que la voie publique est imprescriptible, s'ensuit - il que les particuliers ne puissent acquérir la mitoyenneté par la simple possession, ou par la prescription établie par l'art. 670 du Code civil ? Ne peut-on pas concilier ces deux principes, le droit commun et le droit exceptionnel ?

L'imprescriptibilité n'a été établie que pour empêcher l'usurpation insensible de la voie publique, pour suppléer au défaut de vigilance des conservateurs de la chose publique, et parcequ'on ne peut pas supposer une occupation réelle, *animo Domini,* sur un terrain très fréquenté par le public. Ces considérations ne nous semblent pas applicables à la mitoyenneté des haies ; celles-ci forment des barrières naturelles qui protègent la voie publique contre tout empiètement possible. Ensuite la preuve de la possession est facile à administrer, à cause de la tonte fréquente des haies.

Dès lors pourquoi chercher ici une dérogation au droit commun ? Pourquoi, si la commune ou si l'état sont admissibles à invoquer,
au lieu de titre, la prescription de l'art. 670,
ou la possession annale, contre les particuliers,
ceux-ci n'auraient-ils pas le même droit contre
l'état ou les communes ? Un privilége, une dérogation au droit commun ne peuvent résulter
que d'une disposition précise de la loi : relativement aux haies il n'en existe pas. L'art. 670
peut donc et doit servir de règle pour tout le
monde.

Cependant il faut avouer que cette mitoyenneté, qui doit être dans le vœu du législateur
comme la mitoyenneté des murs entre particuliers, est un inconvénient grave relativement,
à une propriété publique ; et cela suffirait peut-
être aux juges pour faire rejeter en cette matière l'art. 670, comme n'étant, selon son texte,
applicable qu'aux haies entre *héritages*.

525. Une raison plus forte encore se tire de
la difficulté de l'application de l'art. 670 aux
haies des voies publiques.

La présomption de mitoyenneté, d'après la
loi elle-même, est détruite s'il n'y a qu'un seul
des *héritages* en état de clôture.

M. Pardessus juge avec raison que cette circonstance n'est attributive de propriété exclusive que quand l'héritage est clos de toutes
parts par des haies, de manière qu'il est naturel
d'en conclure que la haie qui fait l'objet de la
difficulté est le complément de la clôture. Si,
par exemple, la route ou le chemin était dans
toutes ses parties bordé par une haie, et que
l'héritage qui prétend à la mitoyenneté ne le
fût pas, la présomption de droit serait en faveur
de la commune.

Dans le droit commun, si les deux héritages
sont également en état de clôture, la haie est
réputée mitoyenne.

Appliquée à la voie publique, cette présomption ne serait rien, si d'ailleurs la haie bordant
la voie publique était reconnue par tous les
autres riverains, ou réputée de droit par la
non clôture de leurs héritages, appartenir à la
route.

Il semblerait donc que la présomption du
droit commun, fort sage quand il s'agit de
propriétés ordinaires, ne saurait être appliquée
sans quelques inconvénients aux chemins publics, et que le législateur, s'il avait eu en
vue de faire cette application, n'aurait pas

50

manqué de remarquer ce que nous faisons nous-mêmes.

525. Cependant, en l'absence de disposition dérogatoire au droit commun, peut-on repousser entièrement la présomption de l'article 670 ? Non ; il faut seulement la limiter à ses termes précis, et lui préférer dans tous les cas la possession, même annale. C'est d'ailleurs l'opinion (1) de M. Pardessus (n° 188, *in fin.*) : mais cette possession annale suffit pour repousser toute prescription de la part des particuliers, si ce sont eux qui revendiquent contre l'état ou contre la commune la propriété.

526. Si entre la haie et la route il existait un fossé, il est évident que la haie appartiendrait à celui qu'elle touche immédiatement, à moins de titre contraire. (Coquille, *Quæst.* 298; Pothier, *Appendice au contrat de société,* n° 225 ; M. Pardessus , *ibid.*) Car , même dans le cas où le fossé ne serait pas mitoyen, et où la

---

(1) Elle est appuyée sur un arrêt de la cour de cassation, du 8 vendémiaire an xiv (Sirey, tom. VI, part. 1ʳᵉ, p. 75), ainsi motivé :

« Attendu que, selon l'art. 670 du Code civil, une haie » mitoyenne peut se prescrire par une possession suffisante ; » conséquemment l'on peut posséder exclusivement une » haie, et celui qui jouit d'une telle possession peut, s'il » y est troublé, agir en complainte. »

douve du fossé serait rejetée de son côté, le propriétaire de ce fossé serait censé par là même s'être donné le fossé pour limite.

M. Toullier (n° 229) admet la possession annale comme faisant cesser la présomption de mitoyenneté ; il admet aussi la prescription trentenaire, prouvée par la tonte exclusive de la haie pendant trente ans, comme pouvant détruire le titre. Ce dernier principe est incontestable entre particuliers ; mais s'applique-t-il à une propriété imprescriptible, qui par conséquent ne peut admettre de possession pouvant donner lieu à complainte ? Voilà ce que nous hésitons à admettre. L'état, s'il s'agit d'une route royale ou départementale, les communes, s'il s'agit d'un chemin vicinal, nous semblent seuls admissibles à invoquer la prescription trentenaire, à défaut de titre.

527. Si un riverain se permettait d'usurper une haie (que l'on prétendrait dépendre de la voie publique), soit en occupant le sol, soit en faisant la tonte ou coupant les arbres, on pourrait le poursuivre, soit devant le conseil de préfecture, pour sa contravention administrative, s'il s'agissait de grande voierie ; soit devant le tribunal de police correctionnelle, s'il avait été jusqu'à les arracher. (Art. 456 du

5o.

Code pénal.) Mais comme en élevant la question préjudicielle de propriété, l'action publique serait suspendue, on pourrait aller au-devant et intenter l'action possessoire devant le juge de paix. (*V.* le président Henrion de Pansey, *de la Compétence*, chap. xxv, § 3, p. 241, 7ᵉ édition.)

« Les articles 670 et 673 du Code civil, dit-
» l'instruction de 1824, relatifs aux haies mi-
» toyennes, donnent à l'autorité de suffisantes
» indications, de suffisants moyens d'exécution.
» Là où il est d'usage que les chemins et les pro-
» priétés n'aient point d'autres séparations, ou
» seulement là où ce mode de séparation se
» trouve établi, partout où il est suffisant et
» où il ne nuit pas, il est préférable à tout
» autre, comme le moins dispendieux, le moins
» préjudiciable à l'agriculture, et parcequ'il
» sert d'indication aux voyageurs dans les mau-
» vaises saisons, de moyen de conservation à
» la largeur et à l'alignement des chemins. Il
» serait donc mal entendu de le supprimer pour
» y en substituer un autre, à moins de raisons
» puissantes qui y obligent, et même de ne pas
» le recommander là où ces raisons contraires
» n'existent pas.

» Il est même des cas où les simples haies à

» petites plantations doivent être interdites,
» pour ne pas favoriser l'humidité des chemins
» dans les pays marécageux. »

Les conseils municipaux auront tel égard
que de raison à ces observations, qui ne sont
pour eux que des conseils. Pour nous, qui ne
nous occupons que du droit, nous faisons observer ici que les communes n'ont droit de faire
arracher les haies et les arbres qui les accom-
pagnent souvent, comme l'instruction semble
le commander, que quand elles ne sont pas à
distance légale. Du reste, le ministre, à ce
qu'il paraît, ne voit aucune difficulté à l'application des dispositions du Code civil à la voie
publique : mais a-t-il entrevu les questions ?

528. A l'égard des haies mitoyennes, les
maires peuvent ordonner tout ce que la sûreté
et la commodité de la voie publique leur pa-
raîtront nécessiter : renouveler, par exemple,
l'art. 2 du règlement de police du 2 août 1774,
qui défendait aux blanchisseurs, jardiniers et
autres d'attacher aux arbres ou haies plantés
le long du chemin aucun cordage pour faire
sécher des linges, habillements, légumes, etc.,
parceque ces objets pourraient effrayer les
chevaux. Nous observons toutefois qu'il faut
s'abstenir de toute mesure de police contraire

à la liberté naturelle dont la nécessité n'est pas démontrée.

529. A l'égard des haies qui sont plantées sur le sol de la voie publique, les communes en ont l'entière disposition ; elles peuvent les conserver ou les supprimer.

Il est à observer que, par une juste réciprocité, les communes ne peuvent établir de haies mitoyennes sur le sol des chemins publics, sans observer elles-mêmes la distance imposée par le Code civil, ainsi qu'on le verra ci-après.

Pour la plantation des haies, comme pour l'ouverture des fossés, il est nécessaire de prendre l'alignement, qui est une déclaration de limites, afin de pouvoir calculer la distance établie par la loi civile.

530. Quant à l'établissement des haies communes, il ne peut avoir lieu sans le consentement des deux parties intéressées. Or nous ne croyons pas que jamais l'administration des ponts et chaussées ait consenti à entrer ainsi en communauté d'intérêts avec les riverains, qui lui susciteraient des difficultés continuelles, et pourraient entraver ses dispositions.

Les communes seraient exposées à plus de difficultés encore ; et, comme nous l'avons déjà dit , il serait préférable pour elles de racheter la mitoyenneté, si elle existait, que d'en souffrir les inconvénients ; car les communes n'agissent pas aussi facilement que l'administration des ponts et chaussées, à cause de la tutelle du gouvernement, et de la nécessité d'autorisations pour s'assembler , pour délibérer sur des actions judiciaires, et pour s'imposer.

531. En terminant ce que nous avons à dire sur les haies des chemins publics, nous rappellerons que si elles sont mitoyennes , les arbres qui s'y trouvent ne pourront être ébranchés sans le consentement des deux parties. Mais l'article 673 du Code civil autorise chacun des intéressés à requérir qu'ils soient abattus , à moins qu'ils ne servent de borne. M. Pardessus pense que cette exception à l'art. 673 résulte de l'art. 456 du Code pénal, qui, en classant l'élagage fait sans le consentement du propriétaire au nombre des délits, lui paraît avoir dérogé au Code civil.

532. Nous avons dit ci-dessus que si le fossé est séparé du chemin par une haie, celle-ci devait être réputée séparative de la voie publique et de la propriété du riverain, et que le fossé appartient tout entier au riverain, parce-

que la haie étant un obstacle naturel à l'usage
du fossé, il y a présomption que ce fossé a été
établi par le propriétaire pour son usage.

Mais si, comme il arrive, et comme on le voit
encore dans un lieu très fréquenté, par exemple, le long du chemin d'Auteuil au bois de Boulogne, rue dite de la Fontaine, ce fossé est dans
la haie, la mitoyenneté de l'un et de l'autre se
présume de droit.

Cependant si l'on appliquait ici la présomption
de l'art. 670 du Code civil, qui porte que la
haie n'est pas mitoyenne lorsqu'il n'y a qu'un
héritage en état clôture, on se tromperait;
car les riverains, pour se débarrasser du fossé
qui, par l'augmentation de la population, se
remplit d'eaux fangeuses, et devient cloaque,
ont pris le parti de se clorre en-deçà du fossé,
d'abandonner leur haie, ce dont il reste encore
des traces par les bornes restées le long de ce
chemin.

De ce que les riverains ont fait cette cession,
il n'en résulte pas que le propriétaire qui, seul,
a refusé de reculer avec eux, ait perdu sa clôture ou sa propriété; il en résulte seulement
que les autres ont fait cession volontaire de la
mitoyenneté : mais aussi la haie qu'ils ont établie

de leur côté ne peut être réputée mitoyenne (1).

On hésite d'autant moins à faire des ces sa-
crifices, qu'on en tire avantage, en cessant de
contribuer à l'entretien du fossé.

Il faut dire aussi qu'on s'y résout d'autant
plus facilement, que les maires donnent arbitrairement les alignements, sans consulter le
conseil municipal, et qu'ils ne s'inquiètent
nullement des limites tracées par les règlements.

Si les propriétaires demandaient le prix de
leurs terrains, alors la conduite du maire serait
contrôlée par le conseil municipal, appelé à délibérer sur l'aliénation du fonds, et le maire
serait obligé de rapporter ses alignements.

Mais en France les citoyens savent peu faire
valoir leurs droits et défendre les principes.

533. La haie vive tend souvent à s'étendre
par le seul effet de la végétation, si on ne la
tond aussi souvent que la nature l'exige pour
sa conservation. La tonte ne doit pas être faite
isolément chacun de son côté; car le haut de
la haie, surtout s'il y a des arbres, serait l'objet

(1) Pardessus, n° 188.
La présomption de mitoyenneté, comme on voit, doit
céder presque toujours à la possession, et il suffit que cette
possession soit d'un an et jour. (Arrêt de la cour de cassation du 30 septembre 1805 (8 vendémiaire an XIV);
Sirey, VI, p. 75.)

d'un débat ; elle doit être taillée à frais communs et de concert : autrement ce serait une voie de fait, qu'on pourrait faire réprimer par voie de complainte possessoire. (Le président Henrion, *Compétence des juges de paix*, ch. xxv, § 3.)

534. Ce que nous venons de dire prouve assez que nous adoptons l'opinion de M. Pardessus (n° 187) sur la faculté de l'abandon de la mitoyenneté de la haie.

Nous parlerons ailleurs de la distance à laquelle les haies doivent être placées des chemins publics.

Nous pensons que le Code pénal n'est point une limitation à l'art. 673 (1). Il n'est pas applicable non plus au droit accordé par la loi civile à tout propriétaire de sortir de l'indivision, et de faire détruire un arbre qui n'est pas à la distance , et nuit à sa propriété.

Au reste, si les dispositions relatives à la mitoyenneté des haies d'héritages n'étaient pas applicables aux haies des voies publiques, et cette opinion est celle que nous préférons, au

---

(1) M. le conseiller Carnot, sur l'art. 456 du Code pénal, émet une opinion semblable ; il dit que cette disposition n'est pas faite pour celui qui détruirait une haie mitoyenne. Ce fait n'est qu'un quasi-délit ; il y a seulement abus de la chose commune : la société n'a aucun intérêt direct à la répression d'une pareille voie de fait.

moins en ce sens que nous ne les appliquons qu'avec modifications, l'opinion de M. Pardessus devrait être tout-à fait écartée.

SECTION III.

DE LA PROPRIÉTÉ DES ARBRES.

§ Ier. — Des arbres des grandes routes.

555. Le projet de loi qui avait été l'objet d'un rapport à la chambre des députés, le 3o juin 1824, a été reproduit avec quelques modifications à la même chambre, le 16 février 1825.

Le ministre de l'intérieur a dit en le présentant :

« Le décret du 16 décembre 1811 abandonne aux riverains les arbres au-delà du » fossé qui borde les grandes routes, et ren- » ferme dans le domaine public tous ceux qui » se trouvent en-deçà de cette même limite. » En théorie, il est facile et surtout il est simple » de tracer entre la propriété de l'état et la » propriété privée une ligne générale de dé- » marcation; dans la pratique, il serait quel- » quefois bien rigoureux de s'attacher inflexi- » blement à cette ligne, et de repousser par la

» lettre rigoureuse d'une définition législative
» des demandes qui peuvent être fondées sur
» des titres valables. Les uns prouvent qu'ils
» ont planté en vertu d'arrêts (du conseil)
» qui les contraignaient à cette opération ;
» d'autres établissent qu'il leur a été fait ces-
» sion, à titre onéreux, d'arbres plantés par l'état
» sur les accotements des routes, et produi-
» sent les quittances des anciens trésoriers des
» ponts et chaussées. Sur beaucoup de points,
» l'ouverture du fossé est postérieure à la plan-
» tation ; et dès lors l'emplacement de ce fossé
» ne devait plus servir de règle au jugement
» de la propriété des arbres. »

Le ministre aurait pu ajouter que, partout
et presque toujours, on s'est emparé de la
propriété des riverains sans leur allouer aucune
indemnité (1).

536. L'article 1er de la loi qui contient tout
ce qui est relatif aux arbres, est ainsi conçu :

« Seront reconnus appartenir aux particu-
» liers les arbres actuellement existant sur le
» sol des routes royales et départementales, et
» que ces particuliers justifieraient avoir légiti-
» mement acquis à titre onéreux, ou avoir plantés

---

(1) C'est ce qu'il a fait depuis, le 7 mai 1825, à la chambre
des pairs, en répondant à M. Lainé.

» à leurs frais, en exécution des anciens règle-
» ments. »

La présomption étant en faveur du propriétaire, et l'état ayant évidemment cette qualité, c'est avec raison que l'on a mis à la charge
du réclamant la nécessité de la preuve. Par la
même raison, les riverains sont présumés propriétaires exclusifs de tous les arbres com-
plantés hors du sol de la route, à moins que
l'on ne rapporte un titre positif du contraire.
(Art. 553 du Code civil.)

Cette présomption devrait cesser s'il était
prouvé que le terrain où ces arbres sont plantés
fait partie d'une ancienne route, et si les riverains
ne justifiaient pas d'une cession de ce terrain;
car elle continuerait d'être la propriété de l'état.

537 « Toutefois (porte le deuxième alinéa de
» l'article 1er), ces arbres ne peuvent être abat-
» tus que lorsqu'ils donnent des signes de dé-
» périssement (1), et sur une permission de

(1) On avait proposé de dire : lorsqu'ils seront arrivés à
maturité. Mais la commission de la chambre des députés a
combattu cette idée, et voulu tracer une règle impérative
pour les agents du gouvernement. — Rapport de M. Calemard de la Fayette, 30 mars 1825. (*Moniteur* du 5 avril.)
L'exécution n'en est pas moins abandonnée à la discrétion
de l'administration, qui est seule juge de l'époque où il
convient de permettre d'abattre.

» l'administration. La permission de l'adminis-
» tration sera également nécessaire pour en
» opérer l'élagage. »

Cette disposition n'existait pas dans l'ancien
projet; elle a été introduite par la commission
de 1824, et elle est fondée sur ce que le droit
à la propriété des arbres n'était pas parfait, le
sol n'ayant jamais été aliéné, et les arbres ayant
été plantés sous la condition expresse de demeurer, et même d'être remplacés en cas de
mort ou d'abattage ordonné pour cause de
dépérissement.

Le droit de propriété reconnu par cette
disposition étant limité aux arbres, et n'empor-
tant aucune aliénation du sol, dès que l'administration renonce à l'ancien système de faire
planter les routes par les riverains, l'arbre une
fois abattu, le propriétaire n'a pas le droit de
replanter (1), et il ne pourra y être obligé.

(1) M. Pardessus, *Traité des servitudes*, n° 49, dit qu'on
peut acquérir le droit d'avoir des arbres plantés sur le terrain d'autrui, conformément à l'art. 553 du Code civil.
Cet article, dans sa disposition finale, ne parle que d'acquisition de souterrain ou de bâtiment, et nullement de
plantations. Le droit ne pourrait donc résulter que d'une
concession formelle et par écrit, et serait alors régi par la
convention. Dans ce cas la superficie seule est grevée.
Voyez aussi le même auteur, n° 195.

On exige la permission de l'autorité administrative, même pour l'élagage, parceque l'indemnité de la servitude que supporte l'état est
de conserver l'arbre pendant toute sa durée
naturelle, pour la décoration des routes, et
parceque ce serait un moyen de faire périr
l'arbre avant le temps.

538. Le troisième et dernier paragraphe de
l'art. 1er est ainsi conçu :

« Les contestations qui pourront s'élever
» entre l'administration et les particuliers, rela-
» tivement à la propriété des arbres plantés sur
» le sol des routes, seront portées devant les
» tribunaux ordinaires. Les droits de l'état y
» seront défendus à la diligence de l'adminis-
» tration des domaines. »

Disons un mot, en passant, de l'innovation
de juridiction produite par cet article.

Devant le conseil d'état, la direction des
domaines agit en son nom et par le ministère
d'un avocat, mais devant les tribunaux, elle
est représentée par le préfet seul. Cette disposition de la loi ne déroge pas *formellement* sur
ce point aux lois antérieures : donc celles-ci
doivent être exécutées à cet égard. Il en serait
autrement si l'on avait dit à la diligence *du*
directeur des domaines.

Vainement on argumenterait de ce qu'a dit le ministre :

« En matière de propriété *publique*, c'est à » l'administration des domaines qu'il appartient » plus spécialement de poursuivre et de reven- » diquer les droits du gouvernement; et c'est à » elle que le projet de loi confie ce soin devant » les tribunaux.

Le ministre semble faire ici une distinction entre les propriétés *publiques* de l'état et celles purement domaniales ou privées. Déjà, par le droit antérieur, toutes les contestations rela- tives à ce genre de propriété étaient du ressort des tribunaux et soutenues par les préfets, après délibération préalable du conseil de pré- fecture.

A l'égard des portions du territoire national consacrées au service public, c'était jusqu'à présent l'autorité administrative qui connaissait des usurpations et contraventions aux règles établies pour leur conservation. Cependant la jurisprudence du conseil d'état avait admis une exception à cette juridiction privilégiée, lorsque la question de propriété était élevée.

En effet, dès que le caractère public de cette propriété est contesté, dès qu'il s'agit de savoir si les droits de propriété des riverains ont été purgés, ceux-ci ont le droit de faire juger la difficulté par les tribunaux (1).

La disposition du projet n'est donc point une innovation, comme le ministre semble l'avoir pensé.

539. « Dans des questions contentieuses où » l'état *est l'une des parties*, nous avons cru » devoir écarter positivement la compétence ad- » ministrative. »

Ce scrupule est fort raisonnable sans doute ; mais pourquoi en beaucoup d'autres matières, notamment dans les contestations entre l'état et les entrepreneurs ou fournisseurs, est-ce l'autorité administrative qui est juge (2), alors qu'elle est partie ?

_____

(1) « Les contestations sur la propriété des arbres plantés » le long des routes (disait M. Garnier, n° 113 du *Traité* » *des chemins*) doivent être portées devant les tribunaux. » Cependant si la question de propriété s'élevait à l'occasion » d'arbres coupés, ou d'un élagage fait sans l'autorisation » de l'administration, les conseils de préfecture, en ren- » voyant la question de propriété aux tribunaux, n'en pro- » nonceraient pas moins sur les contraventions. »

C'est en ce point seulement que la loi nouvelle déroge à la jurisprudence antérieure.

(2) Le conseil d'état, dans l'affaire des marchés d'Espagne, a déclaré non écrite une clause d'arbitrage approuvée par le prince généralissime, comme si un retour au droit commun pouvait être regardé comme une clause contraire à l'ordre public et aux mœurs. Qu'importe que les marchés

540. La loi ne dit pas si, avant que la contestation soit engagée devant les tribunaux, les parties intéressées seront obligées de soumettre préalablement leurs titres et leur demande, au conseil de préfecture (1), conformément à l'art. 15 de la loi du 5 novembre 1790, titre 3.

Cette loi est fort sage; elle a pour but de prévenir les procès; elle n'empêche pas les particuliers de se pourvoir devant leurs juges naturels (2); elle a été faite pour engager l'administration à se faire justice à elle même,

soient onéreux, qu'ils soient même l'œuvre de la corruption : si cela est, il faut punir les corrupteurs, annuler les marchés pour dol et fraude; mais si les marchés sont valables par eux-mêmes, il faut les exécuter.

(1) Depuis que ceci est écrit, nous avons eu connaissance d'un avis du conseil d'état (imprimé au *Supplément au Bulletin des lois*, année 1825), qui a décidé que ce n'était plus au conseil de préfecture, mais au préfet lui-même qu'il fallait s'adresser. Ce n'est pas là donner un avis interprétatif de la loi, mais la violer. La loi avait voulu donner un tuteur aux agents de l'administration. C'est donc cette tutelle qu'on abolit. Dès lors le recours préalable au préfet ne sera plus qu'une vaine forme, et ne produira que des lenteurs. On remplira suffisamment le vœu de l'avis en écrivant au préfet qu'on est dans l'intention de poursuivre. S'il ne répond pas dans un délai raisonnable, on pourra l'assigner.

(2) *Voy.* M. de Cormenin, *Questions de droit administratif*, V° Domaine de l'état, n° 2.

et à ne pas s'engager dans une contestation, mal fondée. Si l'administration départementale ne répondait pas dans un bref délai à la demande, ou s'il y avait une déchéance à craindre, on peut toujours engager provisoirement l'action, sauf à justifier de l'accomplissement de la formalité avant le jugement.—Mais revenons à la matière que nous discutons.

541. Le ministre, dans son exposé de motifs, a dit que c'est par des titres seulement que ceux qui prétendent à la propriété des arbres pourront l'établir. La loi, il est vrai, dit que l'on *justifiera*, mais elle exige une preuve ou justification, telle quelle.

Il est évident, par exemple, que s'il était prouvé que les arbres d'une partie de route ont été plantés par les riverains en vertu des anciens règlements, la présomption de droit devrait suffire à ceux qui auraient perdu leurs titres : ce serait à l'administration à produire un titre contraire. On doit s'en rapporter à la conscience des magistrats, sur la nature des preuves.

542. Dans l'ancien projet, il existait un article 2, ainsi conçu :

« A l'avenir, les propriétaires riverains des » routes royales et départementales auront la » *faculté* de planter des arbres parallèlement

51.

» aux routes et sur leurs héritages, sous la seule
» condition de se conformer pour l'espacement,
» l'alignement et l'élagage des arbres, à ce qui
» leur sera prescrit par l'administration.

» Les arbres plantés en vertu de cette faculté,
» et ceux qui existent actuellement au bord des
» routes, sur le sol de propriétés particulières,
» sont à la libre et entière disposition des pro-
» priétaires.

C'est avec raison que cette disposition a été
rayée du projet : car il était inutile de permettre par une loi à un propriétaire, de faire
sur sa propriété ce que bon lui semble ; la loi ne
doit parler que pour établir une prohibition.
Il est vrai qu'en parlant de *faculté*, le projet
imposait réellement une servitude pour le pla-
cement, l'alignement et l'élagage ; mais qui,
dans ce cas, aurait voulu user d'une faculté
qui aurait donné droit à l'administration des
ponts et chaussées d'intervenir dans les dispositions que pouvaient faire les propriétaires
de leurs héritages ?

Le mot *faculté* était tellement impropre,
que la commission avait proposé de le remplacer
par *seront tenus*, (*voy.* ci-dessus, n° 76) ; mais
c'eût été rétablir la servitude ancienne, et
l'administration a senti qu'il valait mieux y.

renoncer, parcequ'elle n'avait jamais pu obtenir des propriétaires une exécution simultanée
et conséquemment utile, pour la plantation des
routes.

Il aurait fallu, par voie de conséquence, interdire aux propriétaires la disposition, et même
l'élagage des arbres, ce qui entraînait de nouvelles difficultés.

Bref, l'administration se borne à pourvoir
par elle-même à la plantation des routes partout où elle le jugera utile; et c'est le meilleur
parti.

Par le retranchement de cet article, elle
préfère s'en tenir au droit commun, et on ne
peut que l'approuver.

543. Telle était l'opinion que nous nous étions
formée du retrait fait par le gouvernement dans
le projet de cette année, de l'art. 2, relatif à la
plantation forcée par les riverains sur leurs
propriétés, conformément au décret de 1811.
Mais le rapport fait au nom de la commission
de la chambre des députés, le 30 mars, porte
que cette partie du décret, « basée sur les an-
» ciennes ordonnances, sera, jusqu'à nouvel
» ordre, le code de la plantation des routes; qu'il
» subsiste dans toute sa force; que le projet de
» loi en est la preuve, puisque pour y déroger

» le gouvernement réclame (lisez *réclamait*
» *dans l'autre session*) le concours des cham-
» bres. Si la question eût été mise en discussion,
» la commission aurait proposé un amendement
» ou un article additionnel pour maintenir le
» régime des plantations obligées, et pour conser-
» ver cette servitude *légale*. »

Cette opinion n'a trouvé dans la discussion
qu'un contradicteur. M. Pavy a dit que le
décret de 1811 constituait une servitude plus
que prædiale, puisque les propriétaires sont
obligés de refaire les plantations, et sont responsables des délits commis sur eux-mêmes.

544. Une servitude, en effet, consiste à
souffrir; celle-ci, au contraire, consiste à faire;
c'est donc une servitude personnelle qui, comme
l'a dit l'honorable député, accuse notre législation. C'est pourquoi il déclara qu'il ne regardait
pas la prétérition du projet de loi à cet égard
comme un retour au décret de 1811. Les commissaires du roi n'ayant rien répondu à cette
observation, et les chambres ayant voté sans
autre explication, il demeure incertain si c'est
l'opinion du gouvernement ou celle de la commission qui a prévalu.

Comme les principes doivent passer avant
tout, nous croyons que la servitude manque ac-

tuellement de base législative. Le gouvernement,
en publiant le décret de 1811, ne pouvait pas
abroger la loi de l'an XIII. Si on objecte que ce
décret, auquel la commission elle-même de la
chambre des députés a reproché d'avoir tranché
militairement les questions les plus importantes,
est devenu législatif, faute d'annulation par le
sénat, nous dirons que le gouvernement, dont
il est l'ouvrage, avait le droit de le rapporter,
ou de déclarer son inconstitutionnalité, et qu'il
l'a fait suffisamment par l'ordonnance royale de
présentation du projet de loi discuté dans la
session de 1824; que dès lors l'opinion isolée
d'une commission ne peut pas suppléer à la force
obligatoire qui manque à ce décret, et qu'ainsi
les propriétaires sont fondés à résister à l'établissement d'une servitude extraordinaire et
exorbitante du droit commun.

Cette résistance sera d'autant meilleure,
qu'elle sera conforme aux principes du droit public, et ensuite parcequ'elle forcera le gouvernement à remplir la promesse qu'il a faite de présenter un nouveau projet de loi pour remplacer
le décret de 1811 en ce qu'il peut avoir de bon.

545. L'art. 9 de la loi des 26 juillet—15 août
1790, porte :

« Il sera statué par une loi particulière sur

» les arbres plantés le long des chemins dits
» royaux. »

Et l'art. 10 :

« Les administrations de département seront
» tenues de proposer au corps législatif les mesures
» qu'elles jugeront les plus convenables, d'après
» les localités, et sur l'avis des districts, pour em-
» pêcher, tant de la part des riverains, autres
» particuliers, que des communautés d'habitants,
» toute dégradation des arbres dont la conser-
» vation intéresse le public, et pour pourvoir au
» remplacement de ceux qui auraient été ou
» pourraient être abattus. »

Ensuite on lisait dans l'ancienne rédaction :

« Et cependant avons déclaré nuls et attenta-
» toires à la puissance législative les arrêts gé-
» néraux du parlement de Douai, des 12 mai et
» 31 juillet 1789, en ce qu'ils ont rendu les
» communautés d'habitants du ressort de ce
» tribunal responsables de plein droit de tous les
» dommages qu'éprouveraient les propriétaires
» de plantations. Faisons défenses de donner à
» cet égard aucune suite, tant aux procédures
» faites qu'aux jugements rendus en conséquence
» desdits arrêts. »

Cette rédaction a été remplacée, le 12 septembre 1790, comme il suit :

« Et cependant les municipalités ne peuvent,
» à peine de responsabilité, rien entreprendre,
» en vertu dudit décret, que d'après l'autori-
» sation expresse du directoire de département,
» sur l'avis de celui de district, qui sera donné
» sur une simple requête, et après communi-
» cation aux parties intéressées, s'il y en a. »

546. Le principe de responsabilité, établi par
les arrêts de règlements du parlement de Douai,
a passé dans nos lois, et se trouve consacré par
celle de l'an IV; aussi la censure de l'assemblée
portait exclusivement sur la forme et sur l'excès du pouvoir. La seconde rédaction prouve
au reste que l'art. 10 concerne les arbres des
seigneurs aussi bien que ceux des chemins
royaux.

L'art. 9 a été renouvelé en ces termes par
la loi du 28 août 1792, art. 18 :

« Jusqu'à ce qu'il ait été prononcé sur les
» arbres plantés sur les grandes routes na-
» tionales, nul ne pourra s'approprier lesdits
» arbres et les abattre; leurs fruits seulement,
» les bois morts, appartiendront aux proprié-
» taires riverains. Il en sera de même des émon-
» dages quand il sera utile d'en faire; ce qui
» ne pourra avoir lieu que de l'agrément des
» corps administratifs, à la charge par lesdits

52

» riverains d'entretenir lesdits arbres et de rem-
» placer les morts. »

547. Il résulte en effet de la doctrine établie
par cet arrêté que telle était l'interprétation à
donner à la loi de 1792 (*voyez* les considérants
ci-après, p. 621); et telle était la conviction du
gouvernement de cette époque; que, malgré le
référé d'un tribunal et la disposition impérative
de l'art. 3 de la loi du 10 vendémiaire an IV, qui
voulait que le corps législatif statuât sur les
conflits entre le pouvoir judiciaire et le pouvoir
administratif, le ministre de la justice d'alors
(M. Merlin) voulut faire prévaloir son opinion,
très respectable sans doute comme jurisconsulte, mais non infaillible; il fit prendre par le
directoire un arrêté portant qu'il n'y avait lieu
à délibérer sur le référé, comme ne *méritant
pas* de fixer l'attention du législateur; et cependant il ordonna que son arrêté serait inséré
au *Bulletin des lois*, pour servir, par conséquent, d'interprétation à la loi.

C'est à l'aide d'un prétexte semblable que,
plus tard, le gouvernement consulaire usurpa sur
le pouvoir législatif le jugement des conflits;
attribution que le gouvernement royal a conservée, et qu'il exerce encore.

Quoi qu'il en soit, la question était si peu ré-

solue par là loi de 1792, ou elle devait si peu
l'être dans le sens de l'arrêté du directoire de
l'an IV, que la loi du 9 ventôse an XIII l'a décidée dans un sens absolument opposé. Le législateur d'alors n'a point été séduit par les
raisonnements du ministre, tirés des lois sur
les domaines engagés, qui sont évidemment
inapplicables au régime des servitudes. Il n'a
considéré qu'une chose.

548. L'ancien gouvernement avait permis et
même ordonné aux riverains de planter le sol des
routes; il leur avait accordé en échange la jouissance exclusive des fruits et émondes des arbres
et de l'arbre lui-même : c'était donc un droit
de propriété qu'il fallait respecter, au moins
jusqu'à ce qu'on eût payé aux propriétaires la
juste et préalable indemnité, conformément à
la loi si explicite des 3 et 14 septembre 1791,
que le savant rédacteur de l'arrêté de l'an IV
ne pouvait ignorer.

Au reste, cet arrêté de l'an IV n'étant que
l'opinion d'un gouvernement qui n'avait alors
que des pouvoirs très restreints, n'a jamais eu
l'autorité d'une loi; et M. Garnier, n° 35, a
trop concédé en lui accordant cet auguste caractère. Sans doute, en l'insérant au *Bulletin
des lois*, le ministre d'alors voulait lui imprimer

52.

le caractère de décision interprétative de la loi; mais c'était et ne pouvait être qu'une interprétation de doctrine, et non une interprétation d'autorité, obligatoire pour les tribunaux, qui, d'après la loi de vendémiaire an IV, ne devaient pas reconnaître l'autorité du directoire. C'est la loi de l'an XIII qui seule est déclarative du sens de la loi de 1792, d'autant mieux que celle-ci se référait expressément à la loi à intervenir.

On a voulu induire d'un arrêté du 28 floréal an IV (18 avril 1796) la dépossession absolue des riverains.

549. M. Garnier pense que la loi du 9 ventôse an XIII a confirmé les principes de l'arrêté de l'an IV, ou du moins n'y a rien changé; il nous semble au contraire que l'art. 3 de cette loi (1), pour éviter le remboursement stipulé par cet arrêté, a rendu aux riverains la propriété même que l'acte de l'an IV leur ôtait. Cette disposition est déclarative, et a par conséquent un effet rétroactif, ainsi que l'aura la loi de 1825 à l'égard du décret de 1811.

(1) Il est ainsi conçu :

« Les propriétaires riverains auront la propriété des arbres
» et de leur produit; ils ne pourront cependant les couper,
» abattre ou arracher, que sur une autorisation donnée par
» l'administration préposée à la conservation des routes, et
» à la charge du remplacement. »

En effet, elle ne dit pas que ceux qui plantent des arbres sur les chemins en auront la propriété; l'article dispose en termes généraux, et s'applique aux arbres alors plantés, comme à ceux qui le seraient par la suite; autrement le législateur aurait commis une iniquité en dépouillant les propriétaires de leurs arbres, et en les privant de l'indemnité garantie par l'acte de l'an IV. L'interprétation que nous donnons à la loi de l'an XIII est d'autant plus exacte, que cette loi ne parle plus de cette indemnité, et que le budget des ponts et chaussées en a été déchargé dès cette époque.

550. C'est le décret du 16 décembre 1811 qui, par son art. 86, a disposé que tous les arbres plantés, même avant sa publication, sur les routes royales, en dedans des fossés et sur le terrain de la route, sont reconnus appartenir à l'état, et n'a excepté que ceux qui ont été plantés en vertu de la loi du 9 ventôse.

L'injustice est palpable, puisque par son art. 89, qui se réfère aux règlements anciens, obligeant les particuliers et les communes à planter les bords des chemins, ce qui les remet implicitement en vigueur, il leur en garantit la propriété pour l'avenir.

Aussi M. Garnier, n° 36, fait-il, avec beaucoup de raison, remarquer que ce décret ne prononçant pas formellement la confiscation des arbres pour le passé, il faut sous-entendre dans le décret, *sauf les droits acquis*. Il plaide très bien sur ce point la cause de la justice, en disant que l'équité ne permet pas à l'état plus qu'à tout autre de s'enrichir aux dépens d'un particulier qui n'a fait les plantations à ses frais, que parcequ'il y a été contraint par les ordonnances (1) ou autorisé par des actes qui lui en garantissaient la propriété.

551. Mais l'ancien conseil a décidé en sens contraire dans l'espèce que voici :

Un arrêt du conseil, du 23 janvier 1764, avait concédé à un particulier le droit de planter les chemins royaux de Vimaskart à Armentière et ailleurs, moyennant une redevance envers le domaine. Il acquittait encore la rente lorsque la révolution éclata. En 1790, l'administration départementale lui fit défense de disposer des arbres par lui plantés; il réclama auprès du ministère; la demande fut ajournée, à cause de la loi de 1792. On ne lui paya pas

(1) *Voy.* ordonnances des 19 janvier 1552 (et non février), art. 336 de l'ordonnance de Blois 1579 (et non 1679), ordonnance de janvier 1583, art. 6.—Arrêt du conseil, 3 mai 1720.—Arrêt du conseil du 17 avril 1776.

sa finance d'engagement et ses frais, en exécution de l'arrêté de l'an iv. Depuis le décret de 1811, il réclama encore, offrant d'acquitter les arrérages échus de la redevance. Le ministre de l'intérieur décida, le 27 septembre 1812, que sa demande était repoussée par le décret. Sur son recours au conseil d'état, intervint, le 29 mai 1813 (1), un arrêt ou décision souveraine, ainsi conçu :

« Considérant qu'aux termes de l'art. 86 de » notre décret du 16 décembre 1811, tous les » arbres plantés sur le terrain des routes sont » déclarés appartenir à l'état, excepté ceux qui » auraient été plantés en exécution de la loi du » 9 ventôse an XIII ;

« Notre conseil d'état entendu, nous avons » décrété et décrétons ce qui suit :

» Les arbres réclamés par le sieur Flamen, » qui sont plantés sur des routes, sont reconnus » appartenir à l'état. »

On voit que l'ancien conseil n'a pu motiver le rejet de la requête sur aucun principe ; il s'est borné à se référer au décret. Mais ce décret est susceptible de distinction : et mieux vaut l'interpréter conformément aux règles de la justice que d'en faire une loi de spolia-

(1) Sirey, *Jurisprudence du conseil d'état*, tom. II, p. 353.

tion. Aujourd'hui, qu'il y a une loi nouvelle déclarative et non innovative, nous pensons qu'on
pourrait actionner le domaine devant les tribunaux, à l'effet de se faire réintégrer dans la
propriété des arbres plantés en vertu de la concession; ou de se faire indemniser.

Les départements appelés à délibérer sur
des restitutions de cette nature conformément à l'ordonnance du 8 août 1821, en don-
neraient sans doute l'exemple; car il ne faut
pas perdre de vue que tout ce que nous disons
ici sur les routes royales s'applique aux routes
départementales.

552. Sous le directoire, une question analogue s'est présentée à résoudre; il s'agissait de
statuer sur la réclamation d'un sieur Latournelle
qui, par suite, de concessions à lui faites par
arrêt du conseil du 20 février 1774, avait fait
abattre des arbres plantés sur le grand chemin
de Soissons à Paris. Traduit pour ce fait devant
le tribunal correctionnel, il justifia de sa concession et de la quittance de finances du tréso-
rier général des ponts et chaussées. Il devait
donc être renvoyé de la plainte. Le tribunal
saisi introduisit un référé au corps législatif,
par le motif que l'article 18 de la loi du 28
août 1792 avait sursis à statuer sur la propriété

des arbres des routes. Le ministre de la justice, au lieu de proposer au directoire de faire sta tuer par la législature sur la question géné- rale, pensa que la législation était suffisante; et de là l'arrêté du directoire, du 28 floréal an IV, qui décide qu'il n'y a lieu a délibérer sur le référé. Voici ses motifs :

« Considérant que les arbres plantés sur les » chemins ci-devant dits royaux ont toujours » fait partie du domaine public, reconnu inalié- » nable dans les mains des ci-devant rois, et » dont les aliénations, faites même à titre oné- » reux, postérieurement à l'ordonnance de » 1566, qui a consacré cette inaliénabilité, » n'ont pu être regardées et ne l'ont été en effet, » par l'assemblée nationale constituante, que » comme de simples engagements révocables à » perpétuité; et que tel est le texte formel de » l'art. 24 de la loi du 22 novembre 1790, sur » les principes de la nouvelle législation doma- » niale ;

» Considérant que depuis le décret du 22 » septembre 1791 a prononcé la révocation de » toutes les aliénations de domaines nationaux » déclarées révocables par la loi précitée ; que » dès lors la concession des arbres plantés sur » la route nationale de Soissons était incontesta-

» blement comprise dans ce nombre ; qu'ainsi
» le concessionnaire n'avait plus aucun droit de
» propriété sur ces arbres, et que tout ce qu'il
» pouvait prétendre en vertu de sa concession ;
» c'est le remboursement de la finance par lui
» payée à l'époque d'icelle, en exécution de la
» loi du 22 novembre 1790 ;

» Considérant au surplus que le titre même
» de sa concession, l'arrêt du ci-devant conseil
» de 1774, ne lui conférait qu'un simple droit
» de jouissance, et non la faculté d'abattre les
» arbres qui en étaient l'objet : c'est ce qui ré-
» sulte en effet des termes mêmes de cet arrêt
» du conseil, par lesquels le concessionnaire est
» expressément *obligé d'entretenir lesdits ar-*
» *bres, et de remplacer ceux qui viendraient à*
» *manquer*, condition qui exclut nécessaire-
» ment la faculté d'en disposer et de les abattre ;
» que dans cet état, il rentrait dans les dispo-
» sions de l'art. 18 de la loi du 28 août 1792 ;
» qu'il ne pouvait en conséquence s'approprier
» lesdits arbres, mais seulement en percevoir
» les fruits, prendre les bois morts, et les
» élagages, s'il y avait lieu d'en faire ; qu'en les
» faisant couper et en les vendant à son profit,
» il est évidemment en contravention tant à
» son propre titre, qu'au vœu général de la

»loi ; que cette entreprise doit être réprimée
» par les autorités publiques, chargées de veil-
» ler à la conservation des propriétés natio-
» nales (1). » ,

553. D'une part, il est certain que le concessionnaire n'avait pas le droit d'abattre les arbres
sans permission, puisque son titre ne l'y auto-
risait pas, et, bien loin qu'aucune loi l'y auto-
risât, celle du 28 août 1792 renouvellait les
défenses ; d'autre part, il est certain que le
concessionnaire n'avait qu'un droit précaire sur
les plantations de la route.

Il est cependant dans l'arrêté dont il s'agit
des principes que nous ne pouvons admettre,
et que nous devons combattre, parceque, bien
qu'il ne soit qu'une décision particulière, il a
été inséré au *Bulletin des lois* (2) pour servir
de règle.

Or, en premier lieu, il n'est pas exact de
dire que l'ancien domaine fût tout-à-fait ina-
liénable; on n'a jamais douté que les petits domaines ne fussent irrévocablement aliénés : ils
étaient exceptés de la règle d'ailleurs pure-

---

(1) En lisant cet arrêté, qui pourrait y voir autre chose
qu'un jugement ? Cependant M. Garnier et les autres le
citent comme une loi.

(2) Il en contient la mention formelle, mention supprimée dans la collection de Rondonneau.

ment arbitraire du droit public. En second lieu,
autre chose est le domaine lui-même supposé
naliénable, et la servitude qui peut être imposée dessus, surtout quand cette servitude
était active; car c'était plutôt une addition à
la propriété. En troisième lieu, quel principe
s'opposait à ce que, pour indemniser les riverains des charges de la plantation, on leur
abandonnât par des lois la jouissance des fruits
et la propriété même de l'arbre? D'après
l'art. 555 du Code civil, si des plantations ont
été faites sur le terrain d'autrui par un tiers,
mais de bonne foi, le propriétaire du sol ne
peut en demander la suppression; il peut seulement se les approprier en rendant le planteur indemne. Il y avait d'autant plus lieu d'accorder cette indemnité, que l'on avait planté
parceque cela était ordonné par des lois confirmées pendant trois siècles.

Rembourser au concessionnaire sa finance
n'était pas assez; il fallait y ajouter les frais
de plantation et de culture; de plus, et c'est
là qu'est le tort de l'autorité, le planteur de-
meurait propriétaire de ces arbres. Le droit du
planteur n'était pas limité à la jouissance des
fruits de l'arbre; la condition de replanter était
sans doute inhérente à la concession, mais

aussi l'état était tenu de respecter l'engagement : le contrat se continuait. Dès que l'état a voulu planter lui-même sa propriété, purger un droit que nous reconnaissons précaire et non perpétuel, il avait l'obligation rigoureuse, soit de racheter la valeur de l'arbre, soit d'en laisser la jouissance au planteur jusqu'à la mort de ces arbres. Le législateur en 1792 avait senti cette difficulté, et il s'était borné à défendre l'abattage des arbres ; en cela, il avait raison, car le propriétaire du sol a toujours le droit de conserver les constructions faites par un tiers.

554. De ces deux exemples le dernier ne peut plus faire règle, parceque l'arrêté de l'an iv a été condamné par la loi de ventôse an xiii. — A l'égard du premier (affaire Flamem), la loi de 1825 abroge le décret de 1811, même pour le passé. Le caractère purement déclaratif de la loi de 1825 est évident, et il ressort surtout de la disposition de l'art. 2, qui, pour le curage des fossés, et par exception, dit : « à partir du 1er janvier 1827. »

555. Les arbres des routes doivent être établis à distance des propriétés riveraines, ainsi que nous l'expliquerons tout à l'heure. Quant au régime de leur plantation sur la route, d'a-

près des règlements anciens (1), ces arbres devaient être à trente pieds l'un de l'autre, et à une toise au moins du bord extérieur des fossés des grands chemins ; on devait les armer d'épines depuis le mois de novembre jusqu'au mois de mars inclusivement.

Un arrêt du conseil du 17 juin 1721, et une ordonnance royale du 4 août 1731, défendaient à peine de 500 francs d'amende, de planter aucuns arbres à une moindre distance que celle de six pieds du bord extérieur des fossés et berges ; cette distance a été réduite à trois pieds par l'art. 90 du décret du 16 décembre 1811.

556. Tous ces règlements, faits pour un système de législation dans lequel les particuliers étaient tenus de faire les plantations, n'ont plus qu'une faible autorité, l'administration des ponts et chaussées n'ayant d'ordre à recevoir que d'elle-même, relativement aux plantations dont elle se trouvera exclusivement chargée.

Il en est de même de l'ordonnance du bureau des finances de Paris, du 29 mars 1754, rendue en vertu de l'arrêt du conseil de 1720, qui fixait à trente pieds au plus, et dix-huit au moins, la

(1) *Voyez* notamment l'art. 6 de l'arrêt du conseil de mai 1721.

distance d'un arbre à l'autre , qui obligeait les riverains à les armer d'épines , à en labourer le pied , à les ébourgeonner , entretenir et élaguer.

Déjà le décret de 1811, par son art. 91, avait *déclaré* la nécessité de modifier ces règlements dans chaque département , selon les localités , notamment en ce qui concerne l'essence des arbres.

§ 2. Des arbres des routes départementales.

557. « Toutes les dispositions des règlements » relatives aux routes royales sont communes » aux routes départementales. » (Art. 13, n° 4, du décret du 16 décembre 1811 ; M. Garnier, n° 36.)

Cela est vrai sans doute, quant à la compétence et quant au mode d'exécution. Toutefois il importe de faire remarquer que les lois de la restauration ont introduit depuis le décret de 1811 d'importantes modifications.

Nous avons déjà expliqué , n° 116, que la loi du 28 avril 1816, et celles postérieures, avaient rendu une entière liberté aux conseils généraux. Elles ont dit que les dépenses des routes seraient prises sur les dépenses variables et les centimes extraordinaires , et que l'emploi en serait fait conformément aux votes des conseils généraux.

Si donc les moyens d'exécution d'une route devenaient trop dispendieux, si la plantation d'une partie ou le creusement des fossés ne paraissait pas d'une utilité immédiate, les conseils généraux des départements, qui sont libres dans leur votes de crédit (1), pourraient refuser à l'administration les fonds demandés; et alors elle se trouverait paralysée dans ses projets.

558. Le décret de 1811 se trouve donc sous ce rapport abrogé; seulement les fonds une fois votés, l'administration seule en fait l'application, et ordonne des travaux pour le bien de la chose publique. Encore si le conseil général voulait traiter à cet égard avec un entrepreneur, comme pour les opérations cadastrales, et ne votait les fonds qu'avec cette restriction, nous pensons que son vœu devrait être respecté, ou que la dépense ne devrait pas être faite.

En 1821, le conseil général du département de la Mayenne vota des fonds pour l'ouverture de la route départementale n° 8, sous la con-

_____

(1) *Voy.* les art. 22 de la loi du 17 août 1822, et 20 de la loi du 31 juillet 1821, relatifs aux centimes facultatifs pour dépenses d'utilité départementale, maintenus par la disposition finale de la loi des finances du 23 juin 1825.

dition qu'elle serait dirigée d'un certain côté. La direction générale des ponts et chaussées, qui voulait lier cette communication avec une autre qu'elle jugeait utile à l'état, demanda qu'on suivît une autre direction. Le conseil de département persista dans sa première opinion ; il semblait dès lors que son vote serait respecté, ou que le crédit serait annulé ; mais le directeur général des ponts et chaussées présenta au gouvernement un projet d'ordonnance pour maintenir son projet, et il fut statué en conseil d'état, dans ce sens, le 25 juillet 1821, par une décision convertie en ordonnance royale (1). C'était, à notre avis, violer la

(1) En voici le texte :

« Louis, etc., sur le rapport de notre ministre de l'in-
» térieur, notre conseil d'état entendu, nous avons ordonné
» et ordonnons ce qui suit :

« Art. Ier. La route départementale de la Mayenne, no 8,
» de Laval à Ernée, entre la première de ces deux villes
» et la Baunière, sera dirigée par le bourg de Changé, les
» Petites-Fontaines, les Marpenduis, Barlin, Golandi, la
» Prepandière, le bourg de la Rannière et le pont de la
» Claye.

» 2. Le préfet est autorisé à accepter ou acquérir au nom
» du département les terrains qui seront désignés comme
» étant nécessaires à l'établissement de cette partie de
» route, d'après les plans détaillés qui seront soumis à l'ap-
» probation de notre ministre de l'intérieur.

Cette ordonnance n'a pas été insérée au *Bulletin des lois*

53

disposition de toutes les lois de finance, et
s'emparer d'un vote pour le détourner de sa
destination; les lois de la matière ne permet-
taient pas même de prélever cette dépense sur
les fonds communs. Nous ne savons comment
le préfet aura mis sa responsabilité à couvert
pour ordonnancer ces fonds, et si le conseil
général a depuis renoncé à son opinion. S'il
avait refusé son allocation, il en résulterait
une question de responsabilité neuve et importante.

559. Nous trouvons la confirmation de nos
principes, quoiqu'un peu altérés, dans une ordonnance réglementaire du 8 août 1821.

Elle porte, art. 1er : « que les travaux d'entretien, dans les limites du budget, seront exécutés
par les préfets d'après les devis arrêtés par les
ingénieurs en chef des ponts et chaussées; »
art. 2, « que les travaux d'art excédant 5,000 fr.
seront exécutés par les préfets, toutes les fois
qu'ils n'exigeront ni acquisition de terrain ni
changement dans la direction et les alignements
des routes; sauf les cas où les préfets croi-
raient devoir consulter le conseil des ponts et

comme les autres, et ne rend pas compte du dissentiment.
On en sent le motif; on n'a pas osé faire connaître la violation des principes.

chaussées, » ce qui ne veut pas dire : que ce
conseil puisse donner autre chose qu'un avis.
Il n'est juge que de la question d'art : le ministre de l'intérieur, de son côté, n'a que la
tutelle des départements ; il ne peut pas s'emparer des fonds des conseils généraux pour
établir des communications autres que celles
qui ont été votées.

Il y a donc véritablement changement de législation ; le sort des routes départementales
n'est plus lié nécessairement à celui des routes
royales.

Ce changement de législation est très important à noter, pour toutes les dépenses relatives aux routes départementales ; nous en
faisons la remarque une fois pour toutes.

560. L'art. 4 de l'ordonnance du 8 août 1821
porte que les arbres plantés sur les routes départementales et sur les terres riveraines desdites routes pourront être abattus dans les
cas prévus par l'art. 99 du décret de 1811, sur
la seule autorisation des préfets.

Aujourd'hui, par l'effet de la nouvelle loi,
cette disposition se trouvera abrogée ; les riverains rentrent dans la propriété des arbres plantés sur leurs terrains, et à l'égard des autres,
leur propriété s'éteindra après l'abattage.

53.

561. Quelquefois les arbres servent de limite aux routes ; s'ils sont dans les haies, on
doit suivre les règles déjà exposées en la section précédente ; s'ils sont isolés et plantés de
manière à déliminer l'alignement, ils doivent
en subir les règles.

Ils peuvent être mitoyens ; mais comme cette
circonstance se rencontre rarement pour les
routes, surtout pour celles qui ne sont pas départementales, nous nous réservons de nous
en expliquer dans le paragraphe suivant, d'autant que la solution serait la même que pour les
arbres des chemins vicinaux.

§ 3. Des arbres des chemins vicinaux.

Avant l'abolition des justices féodales, les
» seigneurs, par suite des droits de police et de
» voirie qu'ils avaient sur les chemins, les rues
» et les places publiques, étaient autorisés à les
» planter toutes les fois que les chemins et les
» rues étaient assez larges, et les places publi-
» ques assez spacieuses pour que la circulation
» n'en fût pas entravée.

» Cette largeur était déterminée avec beau-
» coup de mesure et de sagesse par plusieurs ar-
» rêts du parlement de Paris. Le plus notable
» est du premier août 1754 ; on le trouve dans

»tous les dictionnaires de jurisprudence (1).

(1) Nous n'avons trouvé le texte ni dans l'ancien ni dans le nouveau *Denisart*, ni dans l'ancien et le nouveau *Répertoire*, ni dans le *Dictionnaire de police* de Desessart, ni dans les *Recueils d'arrêt du parlement*. Mais voici un règlement de 1671, qui a son importance.

« S. M. en son conseil, en expliquant le susdit arrêt du »18 juillet 1670, a ordonné et ordonne que tous les che-»mins royaux publics et de traverse de ladite province de »Normandie, pays du Perche et de Châteauneuf, et circon-»voisins, seront incessamment réparés et entretenus aux »frais et dépens des propriétaires des terres adjacentes des »mauvais chemins, avec des cailloux, graviers ou fascines, »suivant la situation et commodité des lieux : lesquels che-»mins auront, savoir, les chemins royaux, 24 pieds ; les »chemins publics et vicinaux, 16 pieds ; et ceux de traverse, »8 pieds de passage libre et commode ; laquelle largeur sera »prise également des deux côtés de ceux qui auront des »terres le long desdits chemins, sinon, ou en cas d'entre-»prise ou d'usurpation faite par l'un des deux riverains, »l'ouverture en sera faite du côté de l'un desdits rive-»rains qui sera le plus commode, à la charge et sans pré-»judice de son recours, au dire d'experts et gens à ce con-»naissant, et sans que ladite largeur puisse être occupée »par des haies, fossés ou arbres ; et s'il s'en trouve présen-»tement sur l'étendue d'iceux, ils seront coupés, remplis »et arrachés, avec défense à tous propriétaires et riverains »de planter aucun arbre le long desdits chemins, qu'à dix »pieds de distance de chaque bord ;

«Ordonne pareillement S. M., que tous chemins qui con-»duisent de la ville capitale de chaque province aux lieux »d'anciens baillages, et où il y a poste et messagerie royale, »seront réputés chemins royaux ; ceux qui conduisent d'une »ville à une autre, ou d'un bourg à l'autre, qui ne sont de

» L'effet devant cesser avec la cause, les sei-
» gneurs, dépouillés du droit de justice, per-
» daient nécessairement le droit de planter les
» chemins, les rues et les places publiques;
» mais il ne suffisait pas de disposer pour l'ave-
» nir, il fallait encore statuer sur les arbres
» existants, c'est-à-dire sur le passé. » (Le président Henrion de Pansey, *des Biens communaux*, 2ᵉ édition, chap. iv, pag. 32, 1824.)

Ainsi le législateur de 1790 se trouvait, dans
ce cas, placé, pour les arbres des chemins communaux, à peu près dans la même situation
» cette qualité, seront dits chemins publics et vicinaux ; et
» ceux qui conduisent d'un village ou hameau à l'autre, ou
» lesquels seront plus courts pour aller d'une ville à l'autre,
» seront et passeront pour chemins de traverse. » (*Ancien
Répert. de jurisprudence*, Vᵒ *Chemins seigneuriaux*.)

Jamais les coutumes n'ont donné les arbres aux propriétaires contigus, puisqu'elles leur défendent d'y toucher,
soit pour les émonder, les abattre ou les planter. Un arrêt
du parlement, entre le seigneur et les habitants de Villier,
permet au seigneur de planter les rues du village, à 5 pieds
des murs, en laissant aux arbres un espace de 18 pieds
entre eux, même de planter deux rangées d'arbres si les
rues ont 35 pieds et plus de large; mais il y a défense de
planter les rues qui ont moins de 25 pieds de large. A l'é-
gard de la place du village, l'arrêt permet au seigneur de la
planter, en laissant l'espace vide de 75 pieds, 5 pieds de
distance des murs, 18 des arbres entre eux, et 25 d'une
rangée parallèle à l'autre. A l'égard des endroits vagues et
inutiles à la voirie, la loi permet au seigneur de les plan-

que le législateur de 1825 pour les arbres plantés sur les grandes routes.

L'assemblée nationale ne pouvait s'empêcher
de déclarer que c'était une usurpation de la
part des seigneurs. D'abord, sous le rapport
de propriété, ils n'avaient point acheté le sol;
ils s'en étaient emparés par une espèce de
droit de conquête, sur la fin de la seconde
race, pendant le sommeil de la puissance royale.

Quant au droit de justice, d'où M. le président Henrion fait dériver le droit de planter,
il n'est pas plus fondé; car du droit de juger

ter comme bon lui semblera, en laissant la distance de
5 pieds de roi desdits arbres aux héritages, murs et murets.
En ce qui concerne les chemins hors et aboutissant au village, l'arrêt permet au seigneur de les planter sans préju-
dicier aux droits des propriétaires des terres voisines, savoir:
ceux qui ont 30 pieds de large, de deux rangées; ceux qui
n'auront que 20 pieds, d'une seule rangée. Cet arrêt ordonne au seigneur d'échointerer et ébrancher les arbres tant
dans les rues que dans les chemins, à 15 pieds de hauteur
de terre, si le cas le requiert, tant pour donner de l'air
aux chemins et terres voisines, que pour laisser le passage
libre.

Un arrêt du 17 juin 1767, entre le comte d'Estournel et
le chapitre de Noyon, ordonne au chapitre de faire arracher
tous les arbres par lui plantés sur les bords et dans l'intérieur des chemins de la seigneurie, et de faire transporter
plus avant dans leurs terres ces arbres, à 6 pieds des arbres du seigneur.

dans un territoire ne résulte pas celui d'y faire des actes de propriété.

Cette confusion de principes, qu'on était intéressé à ne pas éclaircir avant la révolution, venait de ce qu'au lieu de considérer la puissance publique comme un dépôt, qui n'engendrait que des devoirs à remplir, il était passé abusivement en usage d'en faire un droit patrimonial dont on pouvait trafiquer.

La royauté ayant de même fondé sa puissance sur cette idée de patrimonialité, et les parlements tenant leurs offices au même titre, n'osaient attaquer de front un principe faux, consacré par une possession de dix siècles. L'assemblée nationale eut le courage d'aborder la difficulté et de la vaincre. Elle décréta, le 26 juillet 1790, et le roi sanctionna, le 15 août, une loi spéciale relative aux droits de propriété et de voirie sur les chemins, rues et places des villages, bourgs et villes, et sur les arbres en dépendant.

Voici l'économie de cette loi importante. Par l'art. 1ᵉʳ il est dit :

« Le régime féodal et les justices seigneuriales étant abolis, nul ne pourra *dorénavant*, à l'un ou à l'autre de ces deux titres, prétendre à aucun droit de propriété ni de voirie sur les

» chemins publics, rues, et places de villages,
» bourgs et villes.

» Art. 2. En conséquence, le droit de plan-
» ter des arbres ou de s'approprier les arbres
» crus sur les chemins publics, rues et places de
» villages, bourgs et villes, dans les lieux où il
» était attribué aux ci-devant seigneurs par les
» coutumes, statuts ou usages, est aboli. »

On voit que le législateur, dans l'article 1er,
fait allusion à la double usurpation de propriété et de justice dont nous parlions tout à
l'heure; en la faisant cesser, il ôtait par là
même tout droit aux ci-devant seigneurs de
toucher à la voie publique. « Ces dispositions,
» dit M. le président Henrion, sont justes et
» conséquentes. »

562. En effet, si on considère les chemins
comme une propriété ordinaire, il faut, pour
avoir droit de planter, être propriétaire. Si on
les considère comme des choses *hors du commerce*, la puissance publique a seule droit de
les administrer, et cette puissance a cessé d'appartenir aux seigneurs; la loi a concédé ce droit
aux riverains. Par l'art. 3, elle maintient les
seigneurs en possession des arbres plantés, jusqu'à ce que les riverains en aient fait le rachat.

2   54

Ces arbres avaient été plantés sous la garantie des lois antérieures ; une juste et préalable indemnité était due aux seigneurs qui avaient fait ces plantations. Cette indemnité leur fut accordée par l'article 4, ainsi conçu :

« Pourront néanmoins les arbres existant » actuellement sur les rues ou chemins publics » être rachetés par les propriétaires riverains, » chacun vis-à-vis sa propriété, sur le pied de » leur valeur actuelle, d'après l'estimation qui » en sera faite par des experts nommés par les » parties, sinon d'office par le juge, sans qu'en » aucun cas cette estimation puisse être infé- » rieure au coût de la plantation des arbres.»

563. M. le président Henrion réunit à cette disposition celle de l'article 7 (1), relative au cas où les seigneurs ont planté, non sur la voie publique, mais sur le sol des riverains. Nous croyons qu'il y a une distinction à faire. L'art. 7 n'accorde, dans ce cas, aux ci-devant seigneurs que l'indemnité des frais de plantation, tandis que dans l'article 4 cette indemnité de plantation était un minimum. L'art. 7

_____

(1) Texte de cet article :

« Ne sont point compris dans l'art. 3 ci-dessus, non plus » que dans les subséquents, les arbres qui pourront avoir été » plantés par les ci-devant seigneurs sur les fonds mêmes des

appartient à la catégorie des lois qui indemni-
sent le possesseur de bonne foi, qui a construit
sur le terrain d'autrui ; c'est une conséquence
du principe déclaré par l'article 555 du Code
civil. L'art. 4 au contraire est relatif à une
plantation faite sur un sol public, régi par des
règles à part.

Pourquoi cette différence entre l'article 4 et
l'article 7? C'est que, dans le premier cas, le
ci-devant seigneur avait usé d'un droit consacré par le droit public de la monarchie. Dans
le second cas, c'était un acte d'usurpation évident; et la loi se montrait généreuse en considérant le ci-devant seigneur comme ayant
planté de bonne foi.

564. M. le président Henrion s'est exprimé
inexactement, en disant que l'*administration
publique*, par suite de l'abolition du régime
seigneurial, *devenait propriétaire de tous les
arbres existant sur les places, les rues et les
chemins vicinaux.* Elle succédait à la puissance publique des seigneurs, mais la propriété
restait incertaine ; puis, à raison du caractère
de publicité inhérent à la voie publique, le

riverains, lesquels appartiendront à ces derniers, en remboursant par eux les frais de plantation *seulement.* »

54.

droit de plantation appelait une disposition législative spéciale.

565. Il y a une autre distinction dans la loi : les articles relatifs à la dépossession des ci-devant seigneurs statuent différemment sur les arbres des *chemins* et des *rues*, et sur ceux des *places*.

Comme aucune loi n'a expressément attribué la propriété des voies publiques aux communes ni à personne, l'article 4 de celle du 15 août 1790 donne la faculté du rachat, c'est-à-dire la propriété des arbres des *chemins* et des *rues*, aux riverains, chacun en droit soi, à l'exclusion des communes. L'article 5 confère aux communautés d'habitants le droit de rachat, seulement à l'égard des arbres existant sur les *places* publiques. Cette intention est encore clairement indiquée dans l'art. 6.

La raison de cette différence est que les places sont du domaine communal, qu'elles peuvent être louées ou affermées au profit de la commune (loi du 11 frimaire an VII), tandis que les chemins et les rues sont hors du commerce, *res nullius*.

Voilà une distinction importante, qui ne nous paraît pas avoir été saisie, et qui est féconde en conséquences.

566. Le droit de planter sur la voie publique était alors admis, et même commandé par les lois et règlements analysés au paragraphe précédent.

Il avait été pratiqué par les riverains sur les chemins vicinaux; les seigneurs l'avaient souffert, ou l'avaient même exigé : car dans leurs terres ils imitaient le roi, et ils ne se faisaient pas scrupule d'imposer des servitudes actives et passives à la propriété riveraine. Il y avait au surplus à cet égard une grande variété d'usages, et cela se conçoit : tous les seigneurs n'étaient pas également usurpateurs; il y avait des contrées où les habitants avaient défendu avec succès leur franchise naturelle. Aussi l'article 2 de la loi se réfère-t-il aux coutumes, statuts et usages.

567. Voici de quelle manière l'art. 3 statue sur les plantations faites par les riverains sur les voies publiques dépendantes des justices des seigneurs.

« Dans les lieux énoncés dans l'article pré-
» cédent, les arbres actuellement existant sur les
» *chemins* publics, *rues* ou *places* de villages,
» bourgs ou villes, continueront d'être à la dis-
» position des ci-devant seigneurs qui en ont été
» jusqu'à présent réputés propriétaires, sans

» préjudice des droits des particuliers qui au-
» raient fait des plantations vis-à-vis leurs pro-
» priétés, et n'en auraient pas été légalement
» dépossédés par les ci-devant seigneurs. »

On pouvait d'autant moins révoquer ces
droits, que les particuliers n'avaient pas, comme
les seigneurs, été jusqu'à faire des plantations
sur les places publiques, et qu'en plantant les
chemins et les rues vis-à-vis leurs propriétés, ils
n'avaient fait qu'obéir à un usage généralement
pratiqué ou même établi par la loi.

Au reste, si quelque particulier a planté
sur les places de villes, bourgs et villages, l'art. 5
donne aux communautés d'habitants le droit
de les déposséder aux mêmes conditions que
les ci-devant seigneurs; car la disposition est
générale.

568. Qu'entend la loi par ces mots, *légalement dépossédes par les ci-devant seigneurs?*
Évidemment ce n'est pas une dépossession de
fait ou violente, en vertu du droit féodal, mais
une dépossession moyennant un traité ou à titre
onéreux; car les seigneurs jouissaient du droit
de dépossession pour cause d'utilité publique,
comme aujourd'hui les communes.

L'article 3 donnait donc aux riverains le droit
de réclamer la propriété des arbres par eux plan-

tés et existant au moment de la promulgation de la loi, nonobstant la possession de fait des seigneurs ; et comme l'art. 4 est conçu dans un système d'attribution à chaque riverain du droit de planter la voie publique au droit de sa propriété, dans les limites tracées par l'autorité publique (système qui dure pour les chemins et les rues, même depuis la promulgation de la loi de 1805), l'art. 3 équipolle à une réintégration de fait, sans indemnité, des riverains dans ce droit, en annulant celui des seigneurs.

569. A l'égard des plantations faites par les ci-devant seigneurs, soit dans les avenues, chemins privés et autres terrains leur appartenant, soit dans les parties de chemins publics qu'ils pouvaient avoir achetées des riverains, à l'effet d'agrandir lesdits chemins et d'y planter, la loi de 1790, par son article 8, dispose que « ces plan- » tations pourront être conservées et renouvelées » par eux, comme propriétaires, en se confor- » mant aux règles établies sur les intervalles qui » doivent séparer les arbres plantés d'avec les » héritages voisins. »

Il résulte de cette disposition, que les seigneurs sont autorisés à distraire, au moins fictivement, de la voie publique les terrains par eux achetés en vue de cette réunion, et d'en faire une propriété privée : la soumettre au rachat eût été autoriser une expropriation sans indemnité, et sans utilité publique constatée.

Il s'ensuit même, à notre avis, que s'il était justifié par eux (dans ce cas, la charge de la preuve retombe sur ces anciens seigneurs) que le chemin public a été acheté de leurs deniers, on leur devrait une indemnité de dépossession.

Il n'existe pas en effet de loi qui les dépouille à cet égard. Or la présomption d'usurpation féodale doit s'évanouir devant la vérité, et devant la preuve de cette vérité. Il ne faut pas que l'administration publique devienne usurpatrice à son tour.

570. Une difficulté s'éleva sur la quotité du rachat, relativement aux arbres fruitiers plantés sur les rues ou les chemins; l'art. 4 de la loi du 15 août permettait de réduire l'estimation au simple coût de la plantation, base dont l'application eût été manifestement injuste dans la plupart des cas.

Pour faire cesser cette difficulté, l'assemblée décréta le 12 novembre, et le roi sanctionna le 19, une loi portant que les arbres fruitiers seraient estimés en capital au denier dix du produit commun annuel desdits arbres, formé sur les quatorze dernières années, déduction faite des deux plus fortes et des deux plus faibles, et sauf réduction, à cause des localités, de l'âge et de l'état des arbres.

571. Ces lois étaient sages et protectrices de tous les droits légitimes ; mais en 1792 une loi qui tient un peu à l'effervescence du temps et à la défaveur qui pesait sur les ci-devant seigneurs, statua en ces termes :

« Art. 14. Tous les arbres actuellement exis- » tant sur les *chemins* publics, autres que les » grandes routes nationales, et sur les *rues* des » villes, bourgs et villages, sont censés appar- » tenir aux propriétaires riverains, à moins que » les communes ne justifient en avoir acquis la » propriété par titre ou possession. »

Des riverains aux communes la présomption est juste, d'autant plus que pour détruire cette présomption il suffit de la simple possession ; mais des riverains aux anciens seigneurs, elle est injuste. D'après la loi de 1790, c'est la présomption contraire qui est la vraie.

Nous ne nous occupons pas ici de l'art. 15, qui est relatif aux arbres plantés sur les *places* (1).

« Art. 16. Dans le cas même où les arbres men- » tionnés dans les deux articles précédents, ainsi

(1) *Voy.* ci-après, § 6.

» que ceux qui existent sur les fonds mêmes des
» riverains, auraient été plantés par les ci-devant
» seigneurs, les communautés et les riverains ne
» seront tenus à aucune indemnité et à aucun
» remboursement pour frais de plantation ou au-
» tres. »

572. Cela est injuste, dit le président Henrion, mais la loi est écrite. Nous partageons cette
opinion ; mais comme il ne faut pas donner à
des lois injustes une extension plus injuste encore, voici comme nous croyons que cette loi
doit être limitée et combinée avec celle de 1790.

L'article 6 de celle-ci est ainsi conçu :

« Les ci-devant seigneurs peuvent en tout
» temps abattre et vendre les arbres dont le
» rachat ne leur aurait pas été offert, après en
» avoir averti les propriétaires riverains et les
» communautés d'habitants, qui pourront res-
» pectivement, et chacun vis-à-vis sa propriété,
» ou les places publiques, les racheter dans le-
» dit délai. »

Il est bien certain que par suite des présomptions de droit établies par les articles 14, 15
et 16 de la loi de 1792, en faveur des riverains
et des communes, les anciens seigneurs ne peuvent plus, de plein droit, s'emparer des arbres
et en disposer ; mais s'ils prouvaient avoir ac-

quis le sol, leurs droits étaient conservés; la loi de 1792 n'ayant rien statué sur la propriété du sol, et laissant subsister à cet égard, dans toute sa force, l'article 8 de celle du 15 août 1790.

La loi de 1792 ne procède que par voie de *présomption*, tirée de la publicité apparente du chemin; présomption qui n'empêche pas d'élever le combat de propriété.

D'un autre côté, il faut qu'il soit bien certain que celui auquel on conteste la propriété de pareils arbres était le seigneur féodal du lieu, ayant la directe; car s'il était seigneur d'un autre territoire toutes les présomptions déduites de l'usurpation féodale tomberaient d'elles-mêmes, parcequ'alors on ne peut supposer ni violence ni fraude. L'ancien seigneur est, relativement à l'objet en litige, comme un propriétaire ordinaire.

C'est ainsi qu'ont été interprétées les lois de 1792 et de 1793, sur les biens présumés usurpés contre les communes par la puissance féodale.

Il est vrai que si les seigneurs ont cessé de posséder pendant trente ans, leur revendication serait aujourd'hui tardive : la prescription serait acquise contre eux, en vertu des coutumes lo-

cales ou générales, et du Code civil; car il ne
s'agit pas de servitude, mais de la propriété.

Notre observation ne peut donc être profitable
qu'à ceux qui auraient eu le bonheur de se maintenir en possession postérieurement à la loi du
28 août 1792; on ne pourrait leur opposer la
présomption de cette dernière loi.

573. La loi de 1792, quoiqu'elle porte atteinte au droit de propriété, a pourtant un article qui lui est favorable.

« Dans les lieux, dit l'article 17, où les com-
» munes pouvaient être dans l'usage de s'appro-
» prier les arbres épars sur les fonds des proprié-
» taires particuliers, ces derniers auront la libre
» disposition desdits arbres. »

Cet article est absolument conforme à la disposition de l'article 7 de la loi du 15 août 1790,
qui réprime une usurpation semblable de la part
des ci-devant seigneurs.

L'esprit de ces deux lois est de purger la propriété de toutes les servitudes, qui ne sont pas
plus légitimes lorsqu'elles sont exercées par les
communes que lorsqu'elles ont été créées au
profit des seigneurs.

574. Ces arbres, dit avec autant de justesse
» que d'élégance M. le président Henrion, ces
» arbres périront : quand la main des hommes

» les respecterait, le temps, qui n'épargne rien,
» les emporterait comme tout le reste. Les com-
» munes peuvent-elles les renouveler sans y être
» autorisées par l'administration publique ? La loi
» du 28 août 1792 ne décide pas cette question;
» mais sa solution résulte du décret du 15 août
» 1790. Toute plantation sur les chemins, sur
» les places, dans les rues, est désormais inter-
» dite aux anciens seigneurs, et par conséquent
» aux communes et aux particuliers subrogés en
» leur lieu et place par la loi de 1792. En effet
» nul ne peut avoir plus de droit que celui qu'il
» représente. On remarque particulièrement dans
» ce décret qu'il ne donne aux communes que
» les arbres *actuellement existant ;* et là se
» borne la concession qu'il veut bien leur faire.

» Au surplus, il ne faut qu'un mot pour ré-
» soudre cette difficulté. Le droit de planter sup-
» pose la propriété du sol ou des droits de jus-
» tice sur ce même sol; et les lois que l'on vient
» de lire ne confèrent aux communes ni la pro-
» priété des chemins, des rues et des places,
» ni le droit d'y rendre la justice. »

575. Nous observons ici que du droit de rendre la justice ne résulte pas le droit de faire des
actes de propriété. D'autre part, les communes
sont incontestablement propriétaires de leurs

places, et c'est ce que M. le président Henrion
a lui même établi, au chap. III, en parlant de
leurs halles. Que si les communes ne sont pas
propriétaires des chemins publics, la loi leur en
confère au moins l'administration, en con-
cédant aux riverains la simple faculté de les
planter.

Peu importe donc à cet égard que les communes aient été ou non subrogées aux anciens
seigneurs. D'abord, la subrogation que M. le
président Henrion fait résulter des lois de 1790
et de 1792 n'existe pas de droit; c'est en vertu
d'un autre principe, et non d'aucune représentation du chef des seigneurs, que le pouvoir
municipal, surtout depuis la loi de 1805, régit
les chemins communaux. Par la loi du 24 août
1790, tit. XI, art. 3, les corps municipaux ont
acquis tous les droits, et de plus étendus peut-
être que ceux des seigneurs sur les lieux publics de leur territoire; et par les lois de 1805
et du 28 juillet 1824, les communes ont la
libre et entière administration de leurs chemins
et de leur rues.

A l'égard des riverains, il n'y a eu qu'une
subrogation limitée à la propriété des arbres,
sans aucun mélange de propriété du sol, ou de
partage de la jouissance publique.

576. Tant que le principe de la propriété des chemins vicinaux n'a pas même été abordé, les riverains, d'après les lois antérieures, et surtout d'après celles de 1790, art. 4, et de 1792, art. 14, ont eu incontestablement le droit de planter les chemins vicinaux dont ils pouvaient se dire presque propriétaires. Aujourd'hui ce droit est soumis à des restrictions par la loi du 28 février 1805 (art. 7). « A l'a-
» venir nul ne pourra planter sur le *bord* des
» chemins vicinaux, même dans sa propriété,
» sans leur conserver la largeur qui leur aura
» été fixée en exécution de l'article précédent
» (celle de 6 mètres ou 18 pieds, au plus). »

L'instruction ministérielle du 27 mai 1805 ne donne aucune interprétation à cet article; cette expression *sur le bord* serait équivoque, si les mots *même dans sa propriété* ne prouvaient qu'il s'agit d'arbres plantés sur *le sol* même des chemins vicinaux comme des autres.

Si la largeur de dix huit pieds, fixée par l'art. 6, était le maximum de l'ouverture des chemins vicinaux nouveaux, il en résulterait que la rédaction de l'art. 7 répondrait à celle-ci :

« A l'avenir nul ne pourra planter sur le sol
» des chemins vicinaux. »

Nous laissons de côté quant à présent la partie de l'article relative à l'interdiction faite aux riverains de planter sur leurs propriétés ; nous examinerons ce point au chapitre suivant.

577. La loi n'interdisant la plantation des chemins que dans la largeur de six mètres, sur les chemins dont la largeur excède dix-huit pieds, il reste permis aux riverains d'y planter, selon la faculté dont les seigneurs eux-mêmes avaient joui d'après l'article 8 de la loi du 15 août 1790 ; et beaucoup de particuliers ont pu en user, puisque la loi de 1805, par son art. 6, défend de rien retrancher aux chemins qui excèdent cette largeur, et abroge ainsi la faculté de distraction, d'abord accordée aux ci-devant seigneurs par l'article 8 de la loi du 15 août 1790.

Nous disons que la loi de 1805 abroge la loi de 1790, quant à la faculté pour le seigneur de reprendre la partie du chemin qui a été agrandie : on peut croire que le législateur s'y est décidé par la grande considération de l'utilité publique. Toutefois, et si la prescription n'était pas acquise contre les propriétaires qui se trouvent dans le cas de l'article 8 de la loi du 15 août, ceux-ci auraient au moins le droit de faire estimer le terrain, et de forcer la commune à en payer le prix.

Car la loi de 1792 n'a exproprié les seigneurs que de la propriété des arbres, nullement du terrain; et ce n'est pas dans la loi de 1805 qu'on pourrait trouver une seconde confiscation.

578. Nous disons donc que tous ceux des riverains qui ont usé, même depuis 1805, du droit que leur conférait la loi ancienne, et que ne leur dénie par l'article 7 de la loi de 1805, de planter les chemins vicinaux sur les bords excédant dix-huit pieds de large, doivent se trouver dans la catégorie de ceux qui les ont plantés antérieurement à la promulgation de cette loi.

Le droit de propriété que l'on paraît reconnaître aux communes depuis la promulgation de l'article 538 du Code civil (31 mars 1804) n'est pas même un obstacle à la propriété séparée des arbres. En effet, l'état est dans le même sens propriétaire du sol des routes, et cependant la loi de 1825 n'en a pas moins considéré ceux qui les ont plantés comme propriétaires des arbres.

579. Quelques uns diront qu'à compter de la promulgation de la loi du 28 février 1805 les corps municipaux ont pu s'opposer à la plantation du sol de leurs chemins, même au-delà de

la largeur des dix-huit pieds, et que s'ils l'ont
fait, le planteur n'est pas devenu propriétaire
des arbres; on ne lui devrait, selon l'art. 555
du Code civil, conforme à l'article 7 de la loi
spéciale du 15 août 1790, que le remboursement des frais de plantation.

Nous répondrons que si la commune n'a fait
aucune opposition à la plantation, le planteur
aura la propriété de l'arbre; la commune ne
pourra en disposer: il lui serait possible seulement, s'ils nuisaient à la circulation, de requérir l'abattage, mais en faisant constater préalablement, en cas de résistance, la nécessité,
et en remboursant la valeur des arbres.

En effet, jusqu'à ce qu'une loi précise soit
intervenue, semblable à celle de mai 1825 sur
la plantation des routes royales, qui ait formellement interdit de planter sur le bord des
rues et des chemins communaux, le droit des
riverains subsiste comme par le passé.

Nous disons une loi précise; car, sainement
entendue, la loi de 1805 n'établit de prohibition que dans la largeur exprimée en l'art. 6;
pour le reste, on se retrouve sous l'empire
de la loi du 15 août 1790, qui autorise expressément les riverains à planter les chemins.

Ce droit n'est même qu'une compensation de la servitude active que l'on prétend établir sur les héritages riverains , en vertu de l'art. 7 de cette même loi de 1805.

Or, comme la loi du 28 juillet 1824 n'astreint plus les communes à restreindre leurs chemins et leurs rues à dix-huit pieds seulement, et qu'on dépasse presque partout cette largeur, les riverains peuvent toujours user de la faculté qui leur est conférée par la loi, de planter les bords.

580. On a essayé d'attaquer le principe de de la loi du 28 août 1792, qui donne cette faculté aux riverains; mais un décret de la convention, du 9 février 1793, a passé à l'ordre du jour sur la proposition de rapporter cette loi.

581. Le droit accordé par l'art. 4 de cette loi du 15 août 1790, aux riverains, de s'emparer des plantations des seigneurs avec indemnité a-t-il continué de subsister à leur profit exclusif, ou les communes sont-elles entrées en concurrence avec eux par l'effet de l'art. 14 de la loi du 28 août 1792? Nous croyons que cet art. 14 maintient seulement aux communes leur droit de propriété et de possession des arbres vis-à-vis des riverains , mais ne leur confère pas le droit de déposséder ni les riverains ni les sei-

55.

gneurs. Ce droit ne leur est accordé qu'à l'é-
gard des arbres des places , parceque celles-ci
sont de leur domaine.

Mais les riverains peuvent-ils exercer le rachat forcé qui leur est accordé par la loi du 15
août 1790 vis-à-vis des communes , comme
vis-à-vis des seigneurs , en les indemnisant?
Nous croyons que ce droit est une conséquence
de la faculté conférée par la loi de 1790, et
que l'art. 14 de celle de 1792 ne détruit pas,
bien qu'il n'y ait pas de texte formel à ce sujet;
car la loi du 9 février 1793 dit que les arbres
appartiennent aux riverains. Or le droit de propriété consiste essentiellement dans le rachat,
lorsqu'il n'a pas été volontairement aliéné. C'est
le cas de l'art. 555 du Code civil, celui de construction sur le terrain d'autrui.

582. Un cas s'est présenté à nous , celui de
savoir si le riverain d'un chemin vicinal qui
s'est obligé envers un propriétaire riverain de
l'autre bord à ne rien planter qui pût gêner
ni altérer la vue de celui-ci , peut néanmoins
profiter du bénéfice de la loi du 15 août 1790,
qui donne aux riverains le droit de planter le
chemin vicinal.

On dit , pour l'affirmative, que la loi relative
à la plantation du chemin est d'ordre public

et d'intérêt général ; qu'en faisant cette plantation, le riverain remplit un devoir public ; que le propriétaire qui réclame la servitude de prospect n'a aucun droit d'empêcher l'état, ou les communes qui ont l'administration ou la propriété des chemins, de planter ces mêmes chemins ; qu'il ne pouvait faire aucune convention qui fût nuisible à ce droit.

Dans le système du décret de 1811, par exemple, non seulement les riverains ont la faculté de planter, mais, nonobstant tous les engagements privés qu'ils ont pu contracter, ils sont tenus de faire ces plantations aux lieux déterminés par l'autorité publique.

Tout ce que peut faire dans ce cas le propriétaire ayant droit à la servitude, c'est de solliciter l'administration à ce qu'elle ménage le plus possible ses jours, soit par le choix des arbres, soit par la distance à mettre entre eux.

Pour la négative, on peut répondre, surtout si c'est un chemin vicinal qui est intermédiaire entre l'héritage dominant et l'héritage servant, que la plantation sur le chemin est facultative et non obligatoire ; que le propriétaire de l'héritage servant ne peut rien faire qui diminue la servitude ; qu'il doit donc respecter une défense qui pèse sur toute la propriété ; qu'il ne tient la faculté de planter que comme un accessoire de sa propriété, laquelle est grevée de la servitude, et que l'accessoire doit suivre le sort du principal.

Mais, pourra répliquer le propriétaire de l'héritage servant, je me suis engagé à ne rien faire sur mon terrain de nuisible à votre vue ; comme homme privé, je respecte cet engagement ; mais la loi politique, si elle ne me force pas, m'impose le devoir d'imiter ceux qui plantent. L'engagement qui m'a été légué par mes auteurs ne peut pas m'autoriser à négliger le devoir qui m'est imposé ; pourquoi avez-vous stipulé une servitude qui, d'après les localités, pouvait être contrariée dans son exercice par une propriété intermédiaire ?

La question ne changerait pas si c'était le locataire ou fermier qui eût planté ; celui-ci n'a pas plus de droit que le propriétaire : il le représente en cela. Il s'agit d'un droit réel.

583. Il résulte donc des lois précitées :

1° A l'égard des arbres plantés antérieurement à la loi du 15 août 1790, qu'ils sont censés la propriété des riverains, ceux-ci ayant été substitués aux ci-devant seigneurs par la loi de 1792 ;

2° Mais que cette présomption peut être dé-

truite, soit par un titre formel constatant que
le ci-devant seigneur, ou tout autre, a acheté
le terrain sur lequel les arbres ont été com-
plantés, ou qu'il les a achetés du planteur ;
soit même par la simple possession, si l'ancien seigneur l'a conservée ;

3º Que les communes, jusqu'à la promulgation de la loi du 28 février 1805, n'ont aucun
prétexte pour réclamer aucun droit de propriété sur les arbres comme accessoire du sol
des chemins et des rues ;

Que même depuis cette époque le droit établi par la loi de 1790, en faveur des riverains,
n'a pas cessé ;

4º Que les arbres plantés hors la largeur de
dix-huit pieds sont restés, depuis la loi de 1805,
la propriété des riverains, à moins de présomption contraire ; que si les riverains forti-
fient la présomption d'une possession de fait,
par voie de complainte, il ne reste plus à la
commune intéressée que la faculté de dépossession pour cause d'utilité publique, si elle y est
autorisée ;

5º Que si au contraire les arbres ont été
plantés en dedans de la distance, contre la
prohibition de la loi de 1805, la commune
qui ne se serait pas opposée à la plantation

peut déposséder le planteur, en remboursant
les frais de plantation seulement.

584. Le conseil d'état a statué dans la circonstance que voici sur une question de cette
nature.

Arrêté du conseil de préfecture du département du Nord, du 19 février 1819, qui décide
que le sieur Macartan, propriétaire limitrophe
d'un chemin public, a droit de planter, et que la
propriété des arbres maintenant existant sur ce
chemin doit être conservée à la commune, à
charge de les enlever, si mieux elle n'aime
les céder au riverain pour le prix qui sera fixé
par une estimation contradictoire. Pourvoi au
conseil, de la part de la commune de Maing,
qui soutenait que nul n'a le droit de planter
sur les chemins vicinaux, en vertu de la loi
du 9 ventôse an XIII (28 février 1805). 19 mars
1820, arrêt du conseil, qui décide que le conseil de préfecture, en statuant sur le droit de
plantation en faveur du riverain, n'a fait qu'une
juste application de cette loi de ventôse an XIII ;
rejette le pourvoi de la commune, et la condamne aux dépens. (Voy. Sirey, *Jurisprud. du
conseil d'état*, tom. V, p. 342).

Cet arrêt est remarquable ; il décide que
le droit de planter sur les chemins est tou-

jours au profit des riverains, sans restriction ;
et la condamnation de la commune qui se
pourvoyait de ce chef, alléguant son droit de
propriété sur le chemin qu'on ne lui contestait
pas, est singulièrement remarquable.

Cependant si l'on jugeait par analogie de la
loi de 1825 sur les plantations des grandes
routes, on pourrait contester aux riverains ce
droit ; on doit toutefois se renfermer dans la
limite tracée par l'article 7 de la loi de 1805.

585. Voici une autre espèce.—Vente au sieur
Sollier, en 1790, de biens appartenant aux
ci-devant religieux de Saint-Denis, avec les
ormes, saules et peupliers plantés sur les
chemins et voiries. On ignore si les religieux
jouissaient du droit de planter comme propriétaires ou comme seigneurs. La commune de
Dugny prétend être propriétaire des chemins
et des voiries, et par suite des arbres; elle
conteste surtout à l'acquéreur le droit de replanter. Le conseil de préfecture de la Seine,
après avoir interprété la vente nationale, ren-
voie les parties devant les tribunaux, quant à
la question de propriété des chemins et des arbres. Sur le pourvoi porté au conseil d'état
par la commune de Dugny, arrêt, en date du
28 juillet 1820, qui, relativement au droit de

2   56

plantation à perpétuité, surseoit à statuer jusqu'à ce que les tribunaux aient jugé à quel
titre les religieux jouissaient de ce droit.
(V. Sirey, *Jurispr. du conseil d'état*, tom III.
p. 420.) Depuis ce renvoi, il n'a pas encore été
statué par le conseil d'état. En voici la cause.

Le tribunal de première instance de la Seine
a rendu, le 25 avril 1822, un jugement par lequel, considérant que le tribunal est incom-
pétent pour statuer sur le remplacement des
arbres, mais qu'il l'est sur le fond, et qu'il résulte des pièces et renseignements fournis que
les portions de terrain sur lesquelles sont les plantations en litige sont deux berges formées de
main d'homme pour soutenir les eaux, et qui
sont séparées des propriétés riveraines par des
contre-fossés destinés à recevoir les eaux d'infil-
tration ; que les fermiers de l'abbaye de Saint-
Denis étaient chargés de l'entretien ; que les
religieux réunissaient les deux qualités de seigneurs et de propriétaires, et qu'ils avaient la
propriété de tout ce dont ne jouissaient pas
les riverains ; que conséquemment c'est en
cette qualité de propriétaires qu'ils avaient fait
les plantations dont il s'agit : en ce qui touche la demande de la commune d'être déclarée
propriétaire desdits terrains, attendu que puis-

qu'il a été décidé (par le conseil de préfecture et le conseil d'état) que la dame Chavagnac n'était pas propriétaire desdits terrains, elle ne peut être partie capable pour contester la demande de la commune; que dans le cas où la commune n'en serait pas elle-même propriétaire, ils appartiendraient à *l'état*, contre lequel la commune aurait dû conséquemment se pourvoir; le tribunal déclare que c'est à titre de propriétaires que les religieux de Saint-Denis ont planté sur les terrains dont il s'agit: dit qu'il n'y a lieu à statuer sur la demande de la commune de Dugny, afin d'être déclarée propriétaire des trois portions de terrain désignées dans l'arrêté du conseil de préfecture.

Sur l'appel interjeté par la dame Chavagnac, la cour de Paris a rendu, le 12 mai 1823, ce bizarre arrêt.

« Considérant que l'ordonnance du roi ayant
» réglé que l'autorité administrative était com-
» pétente pour statuer sur le droit prétendu par
» la dame Chavagnac, de planter à perpétuité
» sur les berges et voiries du ruisseau du Crou,
» cette autorité doit être également compétente
» pour statuer sur toute question y relative; que
» dans les termes du renvoi devant la justice

56.

» ordinaire, les tribunaux n'auraient qu'un avis
» à donner, n'entraînant point d'exécution, ce
» qui déroge à leur institution, délaisse les par-
» ties à se pouvoir devant qui de droit. »

Évidemment la cour de Paris n'a pas compris
la question ; elle a confondu le droit de propriété d'un chemin, ou voirie, avec le droit de
planter, ce qui est tout différent. Il est indubitable, d'après la loi du 15 août 1790, le décret interprétatif du 12 septembre, et l'art. 7
de la loi du 28 février 1805, que l'autorité administrative est juge de la question de plantation
des chemins publics et même des places, comme
on le verra ci-après. Mais la question de propriété reste intacte : autre chose est la propriété,
autre chose l'usage d'une servitude publique.
Le tribunal de première instance avait bien vu
la distinction.

La question de propriété n'est pas, comme l'a
dit la cour de Paris, liée nécessairement à la
question de plantation ; elle lui est même étrangère ou opposée : donc la cour de Paris aurait
émis un véritable jugement, en décidant à qui
de la commune ou des religieux appartenait la
propriété du terrain. Le conseil d'état, devant
lequel les parties reviendront, ne pourra pas ré-
former l'arrêt en ce point ; mais, d'après le ju-

gement de la question de propriété, il statuera
sur le point de savoir si la dame Chavagnac,
quoique non propriétaire, a droit de replanter à
perpétuité : question difficile, à laquelle donne
lieu l'obscurité des lois combinées de 1790 et
de 1805 sur la plantation des chemins vicinaux,
mais qui, au reste, se trouve déjà préjugée.

A notre avis, le conseil d'état, au lieu de
surseoir, aurait dû statuer définitivement sur
la question qui lui était soumise ; la cour de
Paris a été fondée à soupçonner que le conseil
voulait s'attribuer sur elle une sorte de censure indirecte, et c'est pour l'éviter qu'elle a
commis un déni de justice en refusant de juger l'appel de la dame Chavagnac. Celle-ci
s'est pourvue en cassation de ce chef, et elle
a facilement obtenu un arrêt d'admission,
le 14 décembre 1824. Elle a dit que la question à résoudre par la cour de Paris était celle
de savoir si les religieux de Saint-Denis a-
vaient planté comme seigneurs ou comme propriétaires ; mais elle n'a pas développé ce
moyen. Si c'est comme seigneurs, la loi du
28 août 1792 a dépossédé les religieux, a succédé à leurs droits et les a privés de toute indemnité. Mais dans ce cas, ce n'est pas la commune de Dugny, ce sont les riverains qui, en

vertu de l'art. 4 de la loi du 15 août 1790, et de l'art. 14 de la loi du 28 août 1792, ont droit de revendiquer les arbres, sauf les droits contraires de propriété ou de possession de la dame Chavagnac.

Si c'est comme propriétaires que les religieux ont planté, alors ce sera le cas d'appliquer l'art. 8 de la loi du 15 août 1790; ce sera le représentant des religieux qui aura droit à la propriété du sol, et qui par suite aura celle des arbres, le terrain pouvant et devant même être distrait de la voie publique.

Le conseil de préfecture et le conseil d'état ayant décidé que le sol n'avait pas été compris dans la vente nationale faite à la dame Chavagnac ou à ses auteurs, il en résulte que celle-ci ne peut plus revendiquer que la propriété des arbres; et elle le peut, nonobstant les arrêtés administratifs et le jugement de première instance, sous deux rapports : 1° parcequ'elle a titre pour ces arbres, et que l'état lui doit garantie de ce qu'il a vendu; 2° parcequ'elle n'a cessé d'être en possession, ce qui lui donne les moyens de repousser les riverains s'ils réclamaient en vertu de l'art. 14 de la loi de 1792, et la commune si elle voulait tout à la fois prendre la place des riverains, ou celle de l'ancien seigneur féodal, droit qui ne lui a été concédé qu'à l'égard des arbres des places, et qui lui a été formellement refusé, par les lois de 1790 et de 1792, à l'égard des arbres des chemins et voiries privées.

Tel est du moins notre sentiment : au reste, les décisions qui interviendront sur cette contestation feront sans doute cesser toutes les incertitudes.

586. Un arrêt du conseil, du 14 août 1822, dans l'affaire de la commune de Juvigny contre Delfraitre et Godart (Macarel, p. 183,), a décidé que la vente du sol de biens communaux n'emportait pas celle des *arbres de lisière*, si la réserve en avait été faite.

Des communes ayant voulu contester à un propriétaire limitrophe de chemins vicinaux et chemins de culture le droit d'élaguer les arbres plantés sur le bord de ces chemins, vis-à-vis sa propriété, et d'y faire des plantis nouveaux, il est intervenu un décret ou arrêt du conseil, sous la date du 21 décembre 1808, qui a décidé que c'était une question de propriété du ressort des tribunaux, et a, par suite, annulé un arrêté du conseil de préfecture du département des Deux-Nèthes, qui avait jugé que les communes avaient succédé aux seigneurs, quant à la propriété, et que l'instruction ministérielle du 7 prairial an XIII avait enlevé aux riverains le droit de planter sur les chemins vicinaux, et l'avait attribué aux communes. Le conseil d'état s'est fondé, pour annuler, sur la loi du 28 août 1792, *d'après laquelle les arbres existant sur les chemins publics sont censés appartenir aux riverains, à moins que les communes ne justifient* en avoir acquis la propriété par titre ou par possession. Le renvoi aux tribunaux, dans l'espèce, n'avait donc pour objet que de donner à la commune l'occasion de rapporter son titre, non pas à la propriété ou à la publicité du chemin, qu'on ne contestait pas, mais à celle des arbres, en prouvant sa possession. (Sirey, *Jurisprudence du conseil d'état*, tom. Ier, p. 249, affaire *Huisen.*)

587. Une décision semblable a été prise par un arrêt du conseil, du 29 avril 1809 (Sirey, *Jurisprudence de la cour de cassat.*, t. XVII, 2, p. 125), dans l'espèce que voici :

L'empereur d'Autriche, comme seigneur de Malines, avait vendu à la ville le droit de planter des arbres sur les chemins publics de diverses communes; la ville de Malines, cessionnaire, était en possession du droit d'abattre et d'ébrancher les arbres de la commune de Muysen, et d'en planter d'autres. Celle-ci contesta à la ville de Malines sa propriété, disant que l'empereur ne possédait que comme seigneur féodal; puis, répondant au fait de la possession articulé par la commune de Malines, elle soutenait que la loi du 28 août 1792 n'était pas applicable aux communes étrangères.

Ces moyens étaient peu solides; cependant le conseil de préfecture de la Dyle les adopta. Sur le pourvoi exercé devant le conseil d'état, il fut avec raison reconnu que la décision dépendait de la question de propriété ou de possession, qui était du ressort des tribunaux.

588. L'instruction du 7 prairial an XIII s'exprime ainsi :

« Deux genres de délits peuvent porter atteinte à la conservation des chemins vicinaux : les uns, tels que les envahissements, les empiétements, les plantations d'arbres tendantes à changer la largeur ou la direction que l'administration a fixées. Ces contraventions, conformément aux deux lois des 9 ventôse an XII et 9 ventôse an XIII, sont réprimées par le conseil de préfecture, et constatées par des procès-verbaux des officiers de police municipale.

» Le maire fera dénoncer ce procès-verbal au

» propriétaire délinquant, et si dans la huitaine,
» les choses ne sont pas remises dans l'état pri-
» mitif, le maire devra faire passer le procès-
» verbal au sous-préfet, avec les pièces, etc. »

D'abord, quant à la loi de ventôse an XII,
par son article 8, elle défère aux tribunaux la
connaissance de toute les questions de propriété,
et quant à celle du 9 ventôse an XIII, il est
reconnu par la jurisprudence que les usurpations ne peuvent être réprimées par le conseil
de préfecture que lorsque la question de propriété n'est pas élevée.

Relativement aux plantations d'arbres, la
compétence du conseil de préfecture n'existe
que quand le débat de propriété du sol planté
par les arbres n'est pas élevé, ou quand la propriété n'étant pas revendiquée par le riverain,
il a planté sur le bord du chemin (car cette
plantation est permise et consacrée par les arrêts précités), mais dans l'intérieur du chemin,
et de manière à *ne pas lui conserver la largeur
de dix-huit pieds;* car dans ce cas, il y a contravention à une disposition prohibitive expresse,
et les tribunaux n'ont point à en connaître,
puisqu'il y a attribution de juridiction aux conseils de préfecture dans l'art. 8.

Que si, au contraire, ces plantations ont été

faites sur le chemin, mais en laissant la largeur requise, il n'y a point usurpation; car de la plantation ne résulte pas une voie de fait sur la propriété publique, puisque le droit de planter résulte de lois non abrogées.

589. L'administration communale n'a pas le droit de s'immiscer, comme celle des ponts et chaussées, dans l'élagage des arbres, ni même dans leur abatage, les lois n'ayant en aucune façon dérogé sur ce point au droit commun, qui accorde au propriétaire de l'arbre le droit d'en disposer librement.

Mais les communes qui éprouveraient à cet égard des difficultés avec les riverains pourraient voter la suppression de la partie des chemins excédant la largeur de dix-huit pieds, et par cela même elles feraient cesser la servitude à laquelle la voie publique est assujettie vers les riverains.

De plus, les maires ont le droit de provoquer de l'administration départementale, conformément au décret du 12 septembre 1790, et à l'art. 10 de la loi du 15 août précédent, qui n'est pas une loi préventive comme celle du 12 mai 1825, mais répressive des abus, pour faire condamner les riverains à replanter, et leur intimer des défenses de les dégrader.

L'administration départementale reçoit à cet égard une mission spéciale et analogue à celle que le directeur général des ponts et chaussées exerce par ses agents à l'égard des routes.

590. La question de plantation des chemins peut encore avoir quelque intérêt, si on leur donne plus de dix-huit pieds de largeur, ou si on y pratique, pour faciliter le passage des voitures, des carrefours, ordinairement plantés de croix. Ces carrefours, s'ils n'ont pas le caractère de places, seront susceptibles d'être plantés par les riverains, comme il est dit ci-dessus.

Le ministre de l'intérieur, dans sa circulaire du mois d'octobre 1824, semble refuser aux riverains le droit de planter sur le bord des chemins vicinaux (et par *bord*, nous avons prouvé qu'il s'agissait de la partie du sol qui est hors la largeur des dix-huit pieds), en ne parlant que du droit qu'ont les communes de planter ces mêmes chemins.

« Des plantations faites à distance, dit la circulaire, offrent des avantages, mais elles exigent plus de terrain et sont plus dispendieuses que les haies; elles peuvent être plus nuisibles qu'utiles aux chemins dans les terrains marécageux, dans les pays humides, à cause de

» l'ombrage qu'elles donnent, et de l'air qu'elles
» interceptent. Il est même des cas où les sim-
» ples haies appelées plantations doivent être in-
» terdites par ce motif.

» Tout, dans les dispositions de cet ordre ,
» doit donc être subordonné aux circonstances
» locales , plus ou moins variables ; et la nou-
» velle loi a agi avec autant de fondement que
» de prévoyance en laissant au droit commun
» tout son empire ; aux autorités de chaque
» pays , le libre emploi de tous les moyens qu'il
» autorise , soit pour agir d'après ses seules rè-
» gles , soit pour faire exécuter les règlements
» locaux , et les usages assez consacrés pour en
» tenir lieu , dans toutes les dispositions qu'il
» permet ou qu'il ne défend point. »

591. Ces expressions sont obscures. Le ministre a-t-il voulu dire qu'on pouvait, en vertu
d'usages locaux, contraindre les riverains à
planter la voie publique, ou les empêcher de
planter leur terrain à une distance autre que
celle fixée par le Code civil ?

Si c'est le sens des dernières expressions
citées de l'instruction ministérielle, nous dirons
que les propriétaires ne sauraient être con-
traints à se soumettre à des charges qui ne
leur sont pas imposées par la loi. On ne rai-

sonne pas par induction en matière de servitude.

La sanction qu'il plairait à l'autorité administrative de donner à des usages ou règlements locaux, ne peut leur conférer une autorité législative contre les lois générales du royaume.

Le ministre lui-même a recommandé aux préfets de ne pas se laisser aller au vain désir de tout réglementer, de faire de leurs arrêtés des sortes de codes sur chaque branche de service; il a observé que c'était une mauvaise manière d'administrer. Si les plantations sont nuisibles à la voie publique, les maires peuvent, en vertu de leur droit réglémentaire, en ordonner la destruction; mais ils ne peuvent obliger personne à planter, et hors des limites de la voie publique, les citoyens ne doivent point obéissance à leurs arrêtés; les juges de paix ne peuvent les appliquer, sans se rendre complices de l'excès de pouvoir et d'usurpation de l'autorité législative.

Les usages locaux ou anciens règlements ne peuvent que fournir des conseils. Nous indiquerons ailleurs, au livre III, les moyens de convertir légalement ces usages en règlements de police.

592. Les arbres plantés sur la voie publique,

et qui sont encore la propriété des riverains, peuvent être élagués chaque année, par les propriétaires, sans l'intervention de la puissance publique, les prohibitions établies par le décret du 16 décembre 1811 n'étant point applicables aux chemins communaux, et l'administration des ponts et chaussées n'ayant aucun ordre à donner relativement aux rues et chemins vicinaux, si ce n'est dans la partie qui appartient à la grande voirie.

Seulement l'abatage ne peut être fait sans la permission de l'administration des forêts, en vertu du droit général de prohibition qui lui est attribué, même sur les propriétés privées, par la loi du 9 floréal an XI, et le décret du 15 avril 1811, et du droit de préemption réservé à la marine pour les bois de construction.

Le 12 décembre 1823, la cour de cassation a décidé que la loi s'appliquait aux arbres épars, et que nul argument ne pouvait-être tiré contre la force obligatoire de ces lois, sous prétexte que le décret de 1811 n'aurait pas été délibéré dans la forme législative. (Affaire Anquetil, Sirey, 1824, I, 184.)

Ce point ne fait plus difficulté, et l'on casserait infailliblement, sur la dénonciation de l'administration des forêts, toute décision judiciaire qui aurait pour effet d'affranchir de l'amende le propriétaire qui aurait abattu sans déclaration préalable.

593. L'auteur des *Questions de droit administratif* (V° *chemins vicinaux*) a manqué de précédents pour établir les principes relatifs aux arbres plantés sur les chemins. Après avoir exposé les lois relatives aux arbres des routes et des chemins communaux (voy. le §. II. p. 44 et suiv. tom. Ier), et rappelé les difficultés auxquelles donnait lieu le décret prétendu interprétatif du décret de 1811 (et qu'a fait cesser la loi du 12 mai 1825), il se borne à dire (n° 3, p. 47), relativement aux chemins vicinaux :

« On a pensé que le décret du 16 décembre » 1811 ayant gardé le silence à l'égard des » chemins vicinaux, il était nécessaire et » juste d'interpréter ce silence en faveur du ti- » tre authentique dont les particuliers étaient » porteurs ; et c'est ce qu'a décidé un décret » du 29 mai 1813. »

Il s'agit ici, non d'un décret réglémentaire, (M. de Cormenin n'eût pas manqué de le remarquer), mais d'un décret rendu au contentieux, c'est-à-dire d'un arrêt du conseil.

Or, sous cette date, nous ne connaissons que celui relatif au sieur Flaman, dont nous avons déjà discuté la légalité au paragraphe Ier. Mais, bien loin de respecter le titre, ce décret le viole et le déchire : d'ailleurs il s'agissait, dans l'affaire *Flaman*, d'une route, et non d'un chemin vicinal.

Il paraît donc que M. de Cormenin parle ici d'un décret non publié (1). Il nous semble d'ailleurs n'avoir pas dit assez. Le décret de 1811 est entièrement étranger aux arbres des chemins vicinaux ; ceux-ci ont leur législation à part. Cette législation, comme l'a fort bien dit, p. 45, M. de Cormenin, qui a trop de sagacité pour ne pas saisir le vrai sens des lois, attribuait les arbres aux propriétaires riverains, à moins que les communes ne justifiassent en avoir acquis la propriété. Cette loi, qui n'a point été abrogée, place aussi à côté du titre la simple possession, ce qui est conforme au droit commun.

(1) M. de Cormenin a eu la bonté de nous faire connaître que la distinction qu'il établit résulte, non du texte du décret, mais de la délibération du conseil dont il a pris note. Cette distinction est fondée, parcequ'il n'est pas permis d'étendre une exception déjà exorbitante, et que le gouvernement a rapportée. La loi du 12 mai 1825 donne une nouvelle force à la distinction.

Or, ainsi que l'explique M. le président Henrion de Pensey, dans sa *Compétence des juges de paix*, on peut se pourvoir en complainte devant le juge de paix pour la propriété d'un arbre comme pour tout autre objet.

594. La coutume de Boullenois (art. 41) portait que les fruits des arbres estant ès voies publiques appartiennent aux habitants ; sur quoi Dumoulin a fait cette apostille :

« Scilicet in communi ut corpori ; non autem fiunt præoccupantis, nisi post tempus colligendorum fructuum ; alias pereuntium ut videantur habiti pro derelicto. »

Aujourd'hui les fruits des arbres qui appartiennent aux riverains sont évidemment la propriété exclusive de ceux-ci ; et la preuve, c'est que la loi spéciale du 19 novembre 1790 voulait qu'un prix de rachat supérieur fût accordé aux seigneurs alors propriétaires de ces arbres.

C'est d'ailleurs une conséquence de la maxime, que l'accessoire suit le sort du principal. A l'égard des arbres qui ne sont pas la propriété des riverains, et qui peuvent être nés naturellement sur le sol public, on devrait, en vertu de la même règle, décider que les fruits appartiennent aux voyageurs et aux premiers occupants.

En effet, si la commune sur le territoire de laquelle passe le chemin n'en a pas la propriété, mais seulement l'administration et la charge, comme nous l'avons établi, les étrangers ont droit d'en user au même titre que les habitants.

Pourquoi donc les arbres nés naturellement, et leurs fruits, seraient-ils la propriété des habitants de la commune, lorsque aucune loi ne l'a décidé ainsi ?

Ne serait-ce pas au contraire une chose honorable pour la France, que ses voies publiques fussent plantés d'arbres fruitiers dont les produits pourraient désaltérer et nourrir le voyageur ?

Si un procès était fait par une commune à des voyageurs, pour avoir touché à ces fruits, je ne sais sur quelle loi le tribunal pourrait motiver une condamnation, ni sur quoi la cour suprême pourrait asseoir la cassation des jugements qui auraient renvoyé les délinquants.

§ 4. Des arbres des places des villes, bourgs et villages.

595. Par suite de l'erreur commune où l'on est sur la propriété des chemins et des rues, on en a conclu que les arbres qui y sont plantés

57.

appartiennent aux communes : nous avons fait
voir dans le paragraphe précédent qu'au contraire les arbres plantés sur la voie publique,
excepté sur les grandes routes ou routes départementales, sont *présumés* être la propriété
des riverains.

Une présomption contraire est établie par
la loi du 15 août 1790, à l'égard des arbres
des places des villes, bourgs et villages : et la
raison qu'on peut assigner à cette différence,
nous l'avons déjà donnée, c'est que les chemins et les rues n'appartenant à personne,
étant *res nullius*, le législateur a pu concéder
aux riverains le droit de les planter, de même
qu'il a pu modifier ce droit, comme il l'a fait
par l'art. 7 de la loi du 28 février 1805.

Mais les places des villes, bourgs et villages
ne font pas partie de la voie publique proprement dite ; ce sont des propriétés communales,
dont la jouissance peut être refusée aux horsains, qui peuvent être louées et affermées, et
qui dans beaucoup de localités sont à cet effet
séparées de la voie publique par des bornes
ou par des clôtures.

596. La loi du 15 août 1790, en abolissant
le régime féodal et les justices seigneuriales, et
en défendant à qui que ce soit de rien pré-

tendre, à l'un ou à l'autre de ces titres, à aucun droit de propriété ni de voirie sur les chemins et les rues, et sur les places des villes,
bourgs et villages, a aboli les coutumes, statuts ou usages qui donnaient aux ci-devant seigneurs le droit d'y planter des arbres ou de
s'approprier ceux accrus sur ces chemins et
rues, ou sur les places.

Par son art. 5, la loi attribue aux communautés d'habitants, à l'exclusion des riverains,
le droit de racheter des ci-devant seigneurs
les arbres de leurs places publiques.

Il faut bien remarquer que la *présomption*
de propriété établie en faveur des seigneurs
par la loi du 15 août 1790 a été remplacée
par la *présomption* contraire en faveur des
communes, par l'art. 15 de celle du 28 août
1792, ainsi conçu :

« Tous les arbres actuellement existant sur
» les *places* des villes, bourgs et villages, ou
» dans les marais, prés ou autres biens dont
» les communautés ont ou recouvreront la pro-
» priété, sont censés appartenir aux communau-
» tés, sans préjudice des droits que des par-
» ticuliers ou seigneurs pourraient y avoir ac-
» quis par titre ou par possession. »

Depuis le laps de temps qui s'est écoulé, on

doit présumer que toutes les questions possessoires ont été résolues entre les ci-devant
seigneurs et les communes, et qu'il n'y a plus
à décider maintenant que les questions de titre.
Ces questions sont, d'après la jurisprudence du
conseil d'état, confirmées par le quatrième alinéa de l'art. 1er de la loi du 12 mai 1825, du
ressort exclusif des tribunaux.

Ce sera, dans tous les cas, à celui qui récla-
mera quelque droit à la propriété des arbres sur
les places des villes, bourgs et villages, à prouver
sa possession ou sa propriété non prescrite.

597. La loi du 12 septembre 1790, qui a donné une rédaction nouvelle à l'art. 10 de celle
du 15 août, confère à l'administration départementale le droit de s'opposer à ce que les communautés d'habitants dégradent les arbres dont
la conservation intéresse le public, et veille au
remplacement de ceux qui ont été ou pourraient
être abattus : cette loi n'est pas rapportée ; elle
est au contraire tout-à-fait en harmonie avec
celle du 12 mai 1825, dont l'art. 1er porte que
les arbres plantés sur les routes ne peuvent être
abattus sans une permission de l'administration,
et que cette permission sera également nécessaire pour en opérer l'élagage.

Malgré la différence des expressions, les deux

lois s'accordent en ce point, que l'on ne peut élaguer les arbres des places de manière à les déshonorer. Elles diffèrent, en ce que la loi de 1825 exige une permission préalable, et est ainsi une loi préventive, tandis que la loi du 12 septembre 1790 est une loi répresssive de l'abus.

598. C'est surtout sur la plantation des places publiques que l'administration départementale doit veiller; car, à l'égard des chemins et des rues, les arbres peuvent être nuisibles à la circulation, et la police locale a droit de les supprimer, en indemnisant les propriétaires.

Il n'en est pas de même des places; et si l'on prétend que, par l'art. 15 de la loi du 28 août 1792, ces places ont été assimilées aux autres biens communaux, il est vrai aussi que ces biens ont un caractère de publicité qui leur est propre, et qui ne permet pas aux communes d'en disposer comme des champs, des prés, ou autres domaines,

C'est la loi elle-même (celles du 15 août 1790 et du 28 août 1792) qui les qualifie *publiques*, et c'est par cette raison que l'on permet rarement de les affermer ou de les clore, ou qu'on ne le permet que sous certaines conditions.

La loi du 11 frimaire an VII (1er décembre 1798, art. 7) porte que « les recettes communales se » composent, 1°, 2°, 3°, du produit de la loca- » tion des places dans les halles, les marchés » et chantiers sur les rivières, les ports et les » promenades publiques, pourvu que les admi- » nistrations aient reconnu que cette location » peut avoir lieu sans gêner la voie publique, la » navigation, la circulation, et la liberté du » commerce. »

A quoi il faut ajouter la disposition expresse du décret du 12 septembre 1790, qui veut que les administrations de département présentent au corps législatif les mesures les plus conve- nables, d'après les localités, et sur l'avis des districts (aujourd'hui les sous-préfets), pour em- pêcher, tant de la part des riverains que des com- munautés d'habitants, *toute dégradation des arbres dont la conservation intéresse le public, et pour pourvoir au remplacement de ceux qui auraient été ou pourraient être abattus.*

599. La commune de Bercy, se sentant obérée par suite de travaux considérables entrepris pour son église, a sollicité et obtenu du préfet de la Seine, par arrêté du 9 avril 1825, d'établir un droit d'*occupation* de place sur le port qu'elle prétend lui appartenir le long de la Seine, en-

tre la voie publique et le contre-chemin de halage. L'administration des contributions indirectes a représenté au ministre des finances que cet arrêté établissait un octroi déguisé, puisque le droit est établi, non sur la place réellement occupée par la marchandise, mais sur son passage; et qu'une loi postérieure avait restreint aux foires, halles et marchés, la faculté de location.

Le commerce qui transite à Bercy, et qui se trouvait frappé du droit, a refusé de le payer, comme irrégulièrement assis, attendu que le port ayant été formé aux dépens de la rivière, le long des héritages des riverains, ne pouvait appartenir qu'à ces riverains ou à l'état : mais que, de plus, il y avait incompatibilité entre l'existence du règlement et les conditions imposées par la loi de frimaire an VII. En effet, le tarif saisit la marchandise à son débarquement, et ne lui laisse pas la faculté du passage; la commune s'empare même du contre-chemin de halage, et de la police du bord de la rivière, et viole ainsi le principe, *riparum usus publicus*, ce qui est nuisible à la navigation.

La séparation entre le port et la voie publique n'étant point établie, celle-ci se trouve gênée, la circulation et la liberté du commerce entravées.

2   58

Le ministre de l'intérieur a fait suspendre (juillet 1825) l'exécution du tarif, en laissant d'ailleurs aux tribunaux la décision de la question de propriété.

600. On doit raisonner de même, par analogie, relativement aux places publiques; elles sont établies en vue de l'assainissement et de la décoration des villes ; conséquemment leur plantation est indispensable : et la loi a créé des gardiens qui doivent veiller à ce qu'on ne les en dépouille pas, ou que les communes n'en fassent pas un objet de spéculation.

Ces places ne seraient plus *publiques :* leur qualification serait mensongère, toute légale qu'elle est, si les communes pouvaient en user au même titre que de leurs autres biens ; l'occupation n'en peut jamais être que temporaire, pour les jeux publics ou autrement ; et les règlements de police doivent, pour suppléer à l'absence d'une sanction pénale à la prohibition de l'article final de la loi du 25 août 1790, disposer sur le mode de conservation, et définir d'avance les contraventions, afin que les délinquants soient renvoyés devant le tribunal de simple police, conformément à l'art. 471, n° 5, du Code pénal.

601. Les places ont d'autant plus un caractère

public , que, pour en établir, les communes ont
le droit de déposséder les propriétaires ; droit
qui ne leur serait pas concédé, s'il ne s'agissait
que de leur procurer une propriété. (*V*. art. 30
de la loi du 16 septembre 1807 ; art. 19, loi du
28 mars 1790 , tit. 2 ; loi en forme d'instruction
du 20 août 1790.)

Si donc les citoyens sont obligés de supporter la dépossession à cause de l'utilité communale , il faut aussi que la place continue sa destination publique , et qu'elle soit plantée , afin
d'assainir la cité , de procurer de l'ombrage et
des promenades aux habitants , de fournir pour
les jeux publics un emplacement gai et convenable.

Si les places sont plantées d'arbres fruitiers ,
il est évident que les produits , par droit d'ac-
cession, appartiennent aux villes, bourgs et villages , l'administration départementale n'ayant
qu'un droit de surveillance sur ces places.

FIN DE LA DEUXIÈME PARTIE.

www.ingramcontent.com/pod-product-compliance
Lightning Source LLC
Chambersburg PA
CBHW060357200326
41518CB00009B/1171